COLLAGE 5

ÉDITION

CAHIER D'EXERCICES ORAUX ET ÉCRITS

LUCIA F. BAKER
Professor Emeritus
University of Colorado, Boulder

RUTH ALLEN BLEUZÉ
Prudential Relocation Intercultural Services

LAURA L. B. BORDER
University of Colorado, Boulder

CARMEN GRACE
University of Colorado, Boulder

JANICE BERTRAND OWEN
University of Colorado, Boulder

ANN WILLIAMS-GASCON
Metropolitan State College, Denver

Boston   Burr Ridge, IL   Dubuque, IA   Madison, WI   New York   San Francisco   St. Louis
Bangkok   Bogotá   Caracas   Lisbon   London   Madrid
Mexico City   Milan   New Delhi   Seoul   Singapore   Sydney   Taipei   Toronto

McGraw-Hill Higher Education

A Division of The McGraw-Hill Companies

This is an ⌐BⅠ book.

Cahier d'exercices oraux et écrits to accompany *Collage*

Published by McGraw-Hill, an imprint of The McGraw-Hill Companies, Inc., 1221 Avenue of the Americas, New York, NY 10020. Copyright © 2001, 1996, 1990, 1985, 1981 The McGraw-Hill Companies, Inc. All rights reserved. No part of this publication may be reproduced or distributed in any form or by any means, or stored in a database or retrieval system, without the prior written permission of The McGraw-Hill Companies, Inc., including, but not limited to, in any network or other electronic storage or transmission, or broadcast for distance learning.

1 2 3 4 5 6 7 8 9 0 VNH/VNH 0 9 8 7 6 5 4 3 2 1

ISBN 0-07-242150-9

Editor-in-chief: *Thalia Dorwick*
Executive editor: *Leslie Hines*
Development editor: *Myrna Bell Rochester*
Senior marketing manager: *Nick Agnew*
Project manager: *David Sutton*
Senior Production supervisor: *Pam Augspurger*
Compositor: *TECHBOOKS*
Typeface: *Palatino*
Printer: *Von Hoffman Graphics*
Illustrators: *Axelle Fortier, Rick Hackney, and Bill Border*

Grateful acknowledgment is made for use of the following material:
Realia: Page 77 FLO Restauration; **74** Restaurant aux Anciens Canadiens; **74** Restaurant au Parmesan; **64, 79** Mairie de Paris, Direction générale de l'information et de la communication.

http://www.mhhe.com

TABLE DES MATIERES

INTRODUCTION

This laboratory manual/workbook accompanies *Collage, Fifth Edition,* a complete second-year program featuring three core components; *Révision de grammaire, Lectures littéraires,* and *Variétés culturelles.* Each of the twelve chapters is based on the corresponding chapter of *Révision de grammaire,* and, like the other components, is coordinated by vocabulary and theme.

Each chapter of the *Cahier* is divided into two parts: **Exercices oraux** and **Exercices écrits.**

Première partie: Exercices oraux

Each chapter of the laboratory manual consists of 30–40 minutes of recorded material. Lessons are designed to help students improve their listening and speaking skills while using *Révision de grammaire.* Each regular chapter of the **Exercices oraux** includes:

- **A l'écoute,** a variety of conversations in French for developing listening skills. Each conversation is preceded by a listening strategy and a pre-listening activity to help students build long-term listening proficiency.
- **Mots et expressions,** exercises to spot-check the thematic vocabulary of each chapter.
- **Structures,** exercises that integrate the grammar structures and the theme of the chapter. These activities reinforce aural comprehension, manipulation of structure and syntax, and sound discrimination. Headings indicate the relevant grammatical structure or structures.
- **Les sons des mots,** pronunciation and listening discrimination exercises that provide a thorough review of the sounds and characteristics of spoken French.
- **Reprise,** a chapter review consisting of two listening comprehension activities tied to the chapter theme: **Devinettes** and a spot dictation (**Dictée**).

Some chapters end with a literary selection for listening and repeating, either from *Lectures littéraires* or one related to the chapter theme.

Deuxième partie: Exercices écrits

Chapters include:

- **Mots et expressions** to practice questions of vocabulary usage.
- **Structures,** a series of written exercises with headings that indicate which grammar structure is being covered. These are arranged by progressive levels of difficulty and follow the order of presentation in *Révision de grammaire.* Most are single-answer exercises; some are sentence-building activities where possibilities are more open-ended; a few ask for personalized answers.
- **Reprise,** review exercises that provide additional written practice with the chapter material. Some English-to-French translation exercises are included.
- **Pour écrire en français,** a writing skills section containing general strategies for development of students' original writing and a set of activities, some designed for in-class small-group work.

After chapters 6 and 12 of **Exercices écrits** there is a **Révision,** a set of review exercises that covers the structures presented in each half of the program.

So that students may correct their own work, answers or suggested responses to all the written exercises, as well as answers to listening comprehension and listening discrimination activities, are printed at the end of this *Cahier.* Answers to the fill-in **dictée** for each chapter are also included.

What's New in the Fifth Edition?

1. To give students more time to practice the general characteristics of spoken French, the **Chapitre préliminaire** has been eliminated and the pronunciation concepts from that chapter may now be found in chapters 7–12 of this workbook in the phonetic activity **Les sons des mots.**
2. **A l'écoute** listening activities, which begin each chapter, have been completely rewritten to include actual listening contexts in which students touring or living in France might find themselves.
3. New **Exercices oraux** and **Exercices écrits** have been added to reinforce the new grammar sequence.
4. **Pour écrire en français** activities in chapters 1–6 are new and offer students additional guided practice in writing, as well as a checklist of steps to follow when writing each paper.
5. New drawings and up-to-date realia enhance oral and written exercises.

Acknowledgments

The authors would like to express their appreciation for the help received in bringing this project to completion. At McGraw-Hill, we warmly thank our sponsoring editor Leslie Hines, who provided crucial direction and support, and our in-house editors and managers David Sutton, Louis Swaim, Pam Augspurger, Diane Renda, and Jennifer Chow, who supervised all production and technical matters. We also extend thanks to Veronica Oliva, Jacquie Commanday and her associates, and Steve Patterson for their valuable production and editorial assistance. Special thanks go to Nicole Dicop-Hineline for her critical reading and wonderful problem-solving skills. We are grateful to artists Bill Border, Axelle Fortier, and Rick Hackney for their superb illustrations. We thank Laetitia Sonami and her talented voices for their sensitive recording of the audioscript. Last but certainly not least, we wish to acknowledge the extraordinary dedication and talent of our editor Myrna Bell Rochester. We are especially grateful for her patience and careful attention to every detail of this project, and for her unfailing good cheer which transformed every concern and constraint into a joyous adventure in creative collaboration. Thank you, everyone.

Practical Hints for Listening and Speaking (**Exercices oraux**)

The following hints will help you gain maximum results from your work with the audio program.

1. Studies show that the optimum time to work with the audio program is 20–25 minutes at a stretch. It's best to divide your practice with each chapter into at least two sittings.
2. When you're working with the program, speak up, don't just listen. You wouldn't go to the movies and then close your eyes; you'd miss half the experience. The same is true here. Listen and speak to get results.
3. Many of the activities have a four-part structure:
   i. Cue (*listen*)
   ii. Pause (*respond*)
   iii. Correct answer (*listen*)
   iv. Pause (*repeat the correct answer*)
   The fourth step is important for mastery of the skills being practiced.
4. Don't let the tape machine or the CD player set the pace of your work. Expect to stop it occasionally during each session. Answering accurately is much more important than answering rapidly, so stop the recording briefly as directed by many of the direction lines or whenever you need a few more seconds to think, to sneeze, whatever!
5. You won't always understand every word you hear. That's normal. Sometimes it's appropriate to listen only for the gist and respond to that, just as you do in your native language.

6. Work with the **Exercices oraux** is an essential part of a three-pronged approach to mastering French. If your classwork, work with the audio program, and written work are part of your weekly schedule, you will make regular, noticeable progress in French. You'll enjoy hearing yourself speak French and so will others!

Practical Hints for Writing (**Exercices écrits**)

1. This workbook provides practice with all of the material presented in **Révision de grammaire**. Study the chapter vocabulary and structures in **Révision de grammaire** before starting the **Exercices écrits** of the corresponding chapter in this workbook.
2. Except for the guided writing activity, **Pour écrire en français**, most exercises have only one correct answer. (Some have several possible answers.) Check the answer key at the back of this workbook after completing sets of exercises and make any necessary corrections in your workbook. If you are puzzled about any of the answers given, please ask about them in your next class.
3. The activities in this workbook are excellent preparation for chapter exams. Students who *complete and correct* all the workbook exercises do better on exams than those who don't.
4. Don't study simply the day before an exam. If you do written work outside of class regularly each week, you'll do much better overall than students who work only right before exams. The students with the best grades in French aren't smarter than everyone else. They prepare well for *each* class and then review before exams. *C'est tout!*

L'ALPHABET PHONETIQUE

Phonetic symbols (IPA) and some corresponding spellings in French:

Vowels (oral)

[a]	là-bas, Alabama
[e]	aimer, aimez, aîné
[ɛ]	père, belle, faire
[ə]	se, monsieur
[i]	si, Sylvie
[o]	eau, chaud, métro, boulot
[ɔ]	bonne, porte
[u]	où, vous
[y]	du, sur, sûr
[ø]	peu, deux
[œ]	peur, sœur

Vowels (nasal)

[ɑ̃]	quand, vent
[ɔ̃]	non, vont, nom
[ɛ̃]	vin, impôt, pain, bien
[œ̃]	un, parfum

Semi-vowels

[j]	fille, travail, premier
[w]	moi, moins, Louis
[ɥ]	lui, nuit, cuisine

Consonants

[b]	bébé, alphabet
[ʃ]	cher, blanche
[d]	des, cadet
[f]	femme, photo, veuf
[g]	garçon, gorge, guérir
[k]	car, cours, cuit, qui
[ʒ]	jeune, collège, Gigi
[l]	bol, belle, l'ami
[m]	mère, homme
[n]	neuf, âne, année
[ɲ]	mignon, montagne
[p]	pour, appétit
[r]	route, père, sur
[s]	ça, ceci, assister
[t]	tour, théâtre
[v]	voir, lever, wagon
[z]	zéro, chaise

LA VIE DE TOUS LES JOURS

CHAPITRE 1

PREMIERE PARTIE: EXERCICES ORAUX

A l'écoute

▪▪▪

UNDERSTANDING SPOKEN FRENCH

Good listeners use a variety of strategies to understand as much as possible of what they hear. Each chapter of this laboratory program presents a different strategy. As you practice these strategies, decide which ones work best for you and use them wherever you can—in the language lab, in class, at the movies, or when listening to groups of people speaking.

Anticipating Content

One way to understand as much as possible is to use what you know about a situation to make predictions about what might be said.

First, look at the picture or other visual material and read the brief introduction to the activity. You'll probably find out who is speaking, and something about where and when the conversation is taking place. Try to predict what will be discussed. Then, as you listen to the dialogue, keep trying to predict developments, revising your thoughts as you hear new information. Listeners who anticipate content understand more—and more quickly—than those who listen passively, waiting for everything to become clear to them at the end.

Quel temps fait-il? Anne veut savoir comment s'habiller pour aller à l'école. D'abord, arrêtez la bande pour regarder l'image et pour répondre à ces questions (page 2).

1. Qu'est-ce que la mère regarde?

   _____

2. Quelle information cherche-t-elle?

   _____

Maintenant, écoutez l'émission et la conversation une ou deux fois. Puis, arrêtez la bande pour répondre aux questions qui suivent. Entourez la lettre correspondant à la réponse correcte. (Vous n'êtes pas obligé[e] de comprendre tous les mots. Si vous pouvez répondre aux questions posées après le dialogue, vous aurez compris les idées essentielles.) (*Les réponses se trouvent en appendice.*)

1. Anne veut savoir ____.
   a. quelle heure il est
   b. quel temps il va faire
   c. si elle doit aller à l'école

2. A Dijon, il fait ____.
   a. 5°
   b. −4°
   c. −5°

3. Où est-ce que la température va monter jusqu'à 7° ou 8°?
   a. A Nice
   b. Sur la côte Atlantique
   c. A Strasbourg

4. Où est-ce qu'il pleut?
   a. A Paris
   b. A Dijon
   c. En Corse

5. Où Anne habite-t-elle?
   a. A Paris
   b. Dans les Alpes
   c. A Nice

Mots et expressions

■■

Synonymes. D'abord, écoutez la liste d'expressions ci-dessous. Puis, écoutez les termes suivants et trouvez dans la liste leur équivalent. (*Vous n'allez pas utiliser toutes les expressions.*)

> la boîte de nuit
> se coucher
> se détendre
> un emploi
> faire la grasse matinée
> ranger
> rendre visite à une personne

MODELE: aller au lit → se coucher

1. …   2. …   3. …   4. …   5. …

Structures

■■

LE PRESENT DE L'INDICATIF DES VERBES
REGULIERS ET IRREGULIERS

A.   Qu'entendez-vous? Indiquez si les phrases suivantes sont au *singulier*, au *pluriel* ou si on *ne sait pas* parce que la différence est inaudible.

		S	P	NSP
MODELES:	Ils jettent. →	☐	☐	☑
	Elles essaient. →	☐	☑	☐

	S	P	NSP
1.	☐	☐	☐
2.	☐	☐	☐
3.	☐	☐	☐
4.	☐	☐	☐
5.	☐	☐	☐
6.	☐	☐	☐

B.   Au pluriel. Ecoutez les phrases suivantes et mettez le sujet et le verbe *au pluriel*.

MODELES: Je viens. → Nous venons.

Elle vend le magasin. → Elles vendent le magasin.

1. …   2. …   3. …   4. …   5. …   6. …   7. …   8. …   9. …   10. …

C. Que font-ils? Que font-elles? D'abord, arrêtez la bande pour regarder le dessin et la liste de verbes suivante. Puis, écoutez les questions et répondez-y en vous aidant du dessin et de la liste de verbes. (*La réponse donnée est une réponse suggérée.*)

conduire
boire
dormir
écrire

lire
pleuvoir
courir

> MODELE: Que fait Jacques? → Il court.

1. …   2. …   3. …   4. …   5. …   6. …

L'INTERROGATION

Au téléphone. Vous parlez au téléphone avec votre frère mais la ligne est mauvaise. Vous n'entendez pas bien. Ecoutez les phrases et posez des questions en employant *l'inversion.* (*La réponse donnée est une réponse suggérée.*)

> MODELE: Tante Catherine déménage à Chicago. →
> Où déménage-t-elle?

1. …   2. …   3. …   4. …   5. …

LES VERBES PRONOMINAUX

A. La routine matinale de la famille Rocard. D'abord, arrêtez la bande pour regarder le dessin ci-dessous. Puis, écoutez les questions et répondez-y tout en vous aidant du dessin. (*La réponse donnée est une réponse suggérée.*)

      MODELE: Que fait papa? → Il se rase.

1. …   2. …   3. …   4. …   5. …

B. Histoires d'amour. Vous allez entendre des questions sur certains couples célèbres. Ecoutez les questions et répondez en utilisant les noms donnés.

      MODELE: Quel couple se sépare tragiquement? (Henri VIII et Anne Boleyn) →
                     Henri VIII et Anne Boleyn se séparent tragiquement.

1. Scarlett et Rhett Butler

2. Le duc et la duchesse de Windsor

3. Belle et la Bête

4. Superman et Lois Lane

5. Roméo et Juliette

CONSTRUCTIONS PARTICULIERES AVEC LE PRESENT

A. Le passé récent. Que vient-on de faire? D'abord, arrêtez la bande pour regarder les dessins et la liste d'expressions ci-dessous. Puis, écoutez les questions et utilisez les expressions pour décrire ce que chaque personne a fait. Suivez le modèle. (*La réponse donnée est une réponse suggérée.*)

s'habiller

se lever

manquer l'autobus

prendre une douche chaude

se quitter

sortir

MODELE: Rosine vient-elle de se coucher? → Non, elle vient de se lever.

1.

2.

3.

4.

5.

B. Demain. Vous allez entendre une description des activités d'aujourd'hui. Ecoutez ces phrases et répondez en disant que l'on va faire les mêmes choses demain.

MODELE: On se donne rendez-vous. → On va se donner rendez-vous.

1. …   2. …   3. …   4. …   5. …

Les sons des mots

■■■

A. Des voyelles orales: [i] [e] [ε] [a]. Répétez.

[i]	[e]	[ε]	[a]
lit	les	faites	aller
île	aimé	appelle	femme
vivez	déplacez	amène	là-bas

B. Des consonnes: [d] [n] [t] [l] [s] [z]. Répétez.

[d]	[n]	[t]	[l]	[s]	[z]
aider	finis	habiter	classe	fils	des amis
idée	nasal	mettez	elle	six	elles lisent
décidez	année	thé	l'ami	ceci	vous avez

C. Ecoutez les différences et répétez.

1. ses   ça
2. dit   des
3. été   étais
4. les   lait
5. lycée   lisez

6. l'année   l'aînée
7. des amis   tes amis
8. des hommes   des sommes
9. elle est   elle a
10. laisser   lasser

D. Répétez les phrases suivantes.

1. Yves appelle sa femme.
2. Elle est très fatiguée.

3. Elle déteste se déplacer.
4. Cette année elle va passer l'été à Tahiti.

E. Entraînement auditif. Entourez d'un cercle les mots que vous entendrez deux fois. (*Les réponses se trouvent en appendice.*)

MODELES: il habite   (ils habitent)
           (tu es)   tu as

1. ils ont   ils sont
2. je prends   j'apprends
3. elle promène   elle promet
4. vous avez   vous savez
5. j'adore   je dors

6. il boit   il voit
7. je crie   j'écris
8. elle vient   elles viennent
9. j'appelle   j'épelle
10. je sais   j'essaie

Reprise

A. Devinettes: Le week-end. Ecoutez les expressions suivantes.

_____ (nous) amuser

_____ (me) détendre

_____ (être) de mauvaise humeur

_____ (de) faire la grasse matinée

_____ (leur) rendre visite

Maintenant, écoutez les situations présentées. Répétez la dernière phrase et complétez-la avec une des expressions données. (*Mettez le numéro de la situation devant l'expression correspondante. Les réponses se trouvent en appendice.*)

B. Dictée: Isabelle et Denis. Reconstituons une histoire d'amour. D'abord, arrêtez la bande pour regarder les dessins qui suivent (pages 8–9). Puis, écoutez chaque phrase deux fois et écrivez-la sous le dessin qui convient. Notez que les phrases ne suivent pas l'ordre des dessins. (*Les réponses se trouvent en appendice.*)

DEUXIEME PARTIE: EXERCICES ECRITS

> Answers or suggested answers to written exercises are printed at the end of this *Cahier* so that you may correct your work.

Mots et expressions

Bien vite consolé. Complétez le dialogue de façon logique avec le présent des verbes suivants.

> s'en aller *to go away*
> laisser *to leave (behind)*
> partir *to leave (no direct object)*
> quitter *to leave (with direct object)*
> sortir *to take out; to go out (with)*

CHRISTIAN: Tu _____[1] en voyage?

CHANTAL: Oui, je _____[2] demain matin.

CHRISTIAN: Et tu me _____[3] sans un regret?

CHANTAL: N'exagérons rien. Je reviens dimanche! Mais dis, est-ce que je peux _____[4]

mon chien avec toi?

CHRISTIAN: Sans problème! Tu sais, quand je _____[5] ton chien, je rencontre toujours

des filles très sympa… On se console comme on peut!

Structures

LE PRESENT DE L'INDICATIF DES VERBES REGULIERS

A. Le premier jour du cours de français. Complétez le paragraphe avec le présent de l'indicatif des verbes de la colonne de droite.

Je/J'_____[1] avec Marie. Nous _____[2]

dans la salle. Les étudiants _____[3] une place. Le

professeur _____[4] des questions. Jean-Marc

_____[5] aux questions. On _____[6] bien.

Nous _____[7] la cloche. La classe _____[8]

à l'heure.

poser
répondre
choisir
arriver
entrer
finir
étudier
entendre

B. **Propos.** Faites des phrases en utilisant des éléments de chaque colonne.

MODELE: Vous appelez vos parents.

je	essayer	qu'elle ne va pas manquer son train
nous	appeler	souvent pour affaires
vous	espérer	l'appartement
on	amener	une nouvelle recette
Marie-Laure	voyager	un collègue dîner avec nous
mes amis	ranger	vos parents

1. _____

2. _____

3. _____

4. _____

5. _____

LE PRESENT DE L'INDICATIF DES VERBES IRREGULIERS

A. **Marie et Jean-Marc.** Décrivez chaque illustration en formant une phrase contenant l'une des expressions ci-dessous.

aller en boîte   être à table
avoir soif   faire des projets
dire «bonjour» aux copains

1. _____   2. _____

3. _____   4. _____

5. _____

B. Deux modes de vie. Décrivez la vie quotidienne en France et aux Etats-Unis en mettant les verbes suivants *au présent de l'indicatif.*

| EN FRANCE | AUX ETATS-UNIS |

MODELE: (*ouvrir*) →

Les boutiques __*ouvrent*__ vers 9 h.

On __*ouvre*__ les magasins à la même heure.

1. (*lire*) On _____ son journal au café.

   Les Américains _____ leur journal à la maison.

2. (*mettre*) On _____ une bouteille de vin sur la table pour le dîner.

   Très peu d'Américains _____ du vin sur la table au dîner. Ils préfèrent le café ou le soda.

3. (*devoir / pouvoir / vouloir*) Les Français ne _____ pas oublier que le métro ferme vers 1 h du matin.

   A New York, le métro ne ferme jamais, alors on _____ prendre le métro quand on _____.

4. (*connaître*) De plus en plus de Français _____ l'anglais.

   On ne _____ pas assez de langues étrangères.

5. (*craindre*) Les Parisiens ne _____ pas de se promener en ville le soir.

   Dans certains quartiers de New York, on _____ de sortir de chez soi à partir de 20 h.

6. (*prendre*) Les Français _____ encore le temps de discuter.

   En Amérique, on se presse pour tout et on ne _____ plus le temps de vraiment parler.

7. (*dire / vivre*) Les Parisiens _____ qu'on _____ mieux à Paris qu'en province.

   Les New-Yorkais _____ qu'ils _____ le mieux de tous les Américains.

C. *Depuis* **+ le présent de l'indicatif.** Traduisez les phrases suivantes en français.

1. I've been taking this bus for years (**des années**). _____

   _____

2. How long have you been waiting? _____

   _____

3. How long has he been having nightmares? _____

   _____

4. He's been having nightmares since the accident (**l'accident**). _____

   _____

L'INTERROGATION

A. Que veux-tu savoir? Utilisez *l'inversion* et *des expressions interrogatives* afin de faire des questions correspondant aux phrases suivantes.

> MODELE: Elle voit *les oiseaux*. → Que voit-elle?

1. Ses cousines arrivent *demain*.

   _____

2. Elles gagnent *8 000 F (1 220 euros)* par mois.

   _____

3. Nous partons *à 7 h 30*.

   _____

4. Jean-Luc achète *tous ses livres de classe*.

   _____

5. Ils vont voir *un film* ce soir.

   _____

6. Charlotte met *une heure et demie* pour venir à la fac.

   _____

B. Pour venir à la fac. Complétez le dialogue suivant avec la forme de *quel* qui convient.

ISABELLE: Je ne conduis jamais en ville. Je prends le bus.

MARC: _____[1] bus prends-tu?

ISABELLE: Le 21. Mais il est parfois en retard.

MARC: A _____[2] heure dois-tu arriver à la fac?

ISABELLE: A 9 h. J'ai deux cours le matin et un l'après-midi.

MARC: _____[3] cours as-tu le matin?

ISABELLE: Philo et danse moderne.

MARC: _____[4] chance! Moi, j'ai chimie et maths.

ISABELLE: _____[5] horreur (*f.*)!

LES VERBES PRONOMINAUX

A.   Que ne fait-on pas dans ces situations? Complétez les phrases avec *le verbe pronominal* de votre choix et mettez toutes les phrases *au négatif*.

MODELE: on… dans le jardin public → On ne s'habille pas dans le jardin public.

1.   nous… en classe _____

_____

2.   les amoureux… au travail _____

_____

3.   je… dans la salle de bains _____

_____

4.   vous… au cinéma _____

_____

B.   Questionnaire. Mettez les phrases suivantes *à la forme interrogative* en employant *l'inversion*, si possible.

1.   Ils s'inquiètent beaucoup.

_____

2.   Tu ne te trompes jamais.

_____

3.   Elle se demande si c'est vrai.

_____

4.   Vous vous ennuyez aujourd'hui.

_____

5.   Je me rends compte du problème.

_____

C.   La vie de tous les jours. Choisissez le verbe correct et complétez chaque paragraphe (*au présent de l'indicatif*) de façon logique.

a.   se coiffer   se laver
     se lever   ne pas se maquiller

Chaque matin, Françoise _____[1] à 8 h. Elle

_____[2] les dents, elle _____[3] longuement

mais elle _____[4].

    b. se dépêcher   s'habiller
        se raser   se réveiller
        se lever

Quand Christian _____⁵, il n'a pas envie de

_____⁶ parce qu'il est paresseux. Finalement, il

_____⁷ et il _____⁸ avec beaucoup

d'élégance. Puis, il _____⁹ de partir au travail.

    c. s'entendre   s'écrire
        ne jamais s'ennuyer   se séparer
        se voir   se téléphoner

J'ai deux amis. Nous _____¹⁰ tous les jours et nous

_____¹¹ vraiment bien. Quand nous sommes ensemble, nous

_____¹². Si nous devons _____¹³ pendant les

vacances, nous _____¹⁴ et nous _____¹⁵ de

longues lettres.

CONSTRUCTIONS PARTICULIERES AVEC LE PRESENT

Passé récent / futur proche. On vient de faire certaines choses; on va en faire d'autres. Mettez le premier verbe *au passé récent* et le deuxième *au futur proche*, selon le modèle.

    MODELE: je / se réveiller / maintenant / ? →
                Je viens de me réveiller; maintenant, je vais faire ma toilette.

1. nous / rentrer / dans une heure / ?

   _____

2. vous / passer une nuit blanche / aujourd'hui / ?

   _____

3. tu / se lever / maintenant / ?

   _____

4. Pierre / finir ses devoirs de chimie / cet après-midi / ?

   _____

5. je / ranger la maison / ce soir / ?

   _____

Reprise

A. Habitudes. Complétez les phrases suivantes en mettant les verbes entre parenthèses *au présent de l'indicatif.*

1. Nous _____ (*se déplacer*) toujours en voiture. Nos amis

   _____ (*préférer*) prendre l'autobus.

2. _____ (*dire*)-vous toujours la vérité?

3. Elle _____ (*recevoir*) des invités le week-end.

4. Nous _____ (*se mettre à*) travailler.

5. Est-ce que vous _____ (*croire*) cela?

6. Ma petite sœur _____ (*rejeter*) tous mes conseils.

7. Cet écrivain _____ (*connaître*) bien Montréal.

8. Ils _____ (*pouvoir*) se débrouiller.

9. Gilles _____ (*s'endormir*) toujours en classe.

10. Ils _____ (*se comprendre*) bien.

B. Voici des réponses. Posez des questions à propos de la partie en italique de chaque réponse. Utilisez *l'inversion* et les expressions interrogatives convenables (*combien, depuis quand, depuis combien de temps, quand, que*).

1. Je conduis *depuis 5 ans.*

   _____

2. Nous nous amusons *le week-end.*

   _____

3. *Oui*, M. Chirac est le président de la République.

   _____

4. Marie est de bonne humeur *après sa classe de français.*

   _____

5. Je déteste *la circulation pendant les heures de pointe.*

   _____

6. J'ai *cinq cours en tout* ce semestre.

   _____

C. Le quotidien. Décrivez ce que Christian fait tous les jours en vous inspirant des dessins ci-dessous (pages 17–18).

MODELE: Le réveil sonne.
Christian se réveille.

Le matin

1. _____   3. _____

2. _____   4. _____

Pendant la journée

5. _____   7. _____

6. _____   8. _____

Le soir

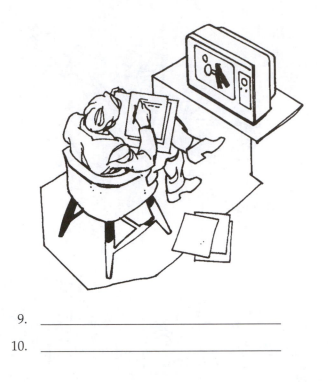

9. _____

10. _____

La nuit

11. _____   12. _____

Pour écrire en français

▪▪

Writing the Body of a Composition in 3 Steps

If you can't write it, you don't have an idea. —Andy Rooney

Step One: *After choosing a topic, write the thesis statement (**la thèse**), a clear, persuasive sentence that presents the central idea of your paper.* Thesis statements that can be defended are much easier to develop into a good paper than are self-evident truths, dictionary definitions, or facts that everyone knows already.

Thèse n° 1: This paper will discuss nutrition during pregnancy.

Feedback: A poor thesis statement: it can't be argued. Also, why should readers care about this issue? The presentation doesn't make readers want to know more.

Better: Low birth-weight babies have a hard time succeeding in school.

Thèse n° 2: Nurses are misunderstood and undervalued.

Feedback: Easy to argue and develop; good thesis statement.

Step Two: *Read your thesis statement and ask yourself "Why?" Then write three sentences that answer that question.*

Sentence 1: Doctors assume that nurses are less well-trained than they are.

Sentence 2: Patients think that nurses know less about their illness than doctors.

Sentence 3: Nurses' pay doesn't correspond to their responsibilities.

Step Three: *Write 1–2 sentences that support each of these ideas.* If your composition is based on a specific reading, use facts and statements from that reading to support your ideas. If not, use materials available elsewhere (your library, the Internet, etc.) to develop your arguments on the topic.

Activités

A. Choisissez la thèse de la colonne **A** qui correspond au sujet de la colonne **B**.

A (*thèse*)	B (*sujet*)
Conduire en ville est très stressant.	la technologie
Il faut un diplôme universitaire pour réussir dans la vie.	ma chambre
De nos jours, tout le monde a besoin d'un ordinateur.	la circulation
Ma chambre reflète ma personnalité.	les études universitaires

B. Ecrivez une thèse pour les sujets suivants.

1. les examens _____

_____

2. le week-end _____

_____

3. l'argent _____

_____

4. ? _____

_____

C. Choisissez un sujet pour votre rédaction. Ecrivez la thèse et trois arguments qui soutiennent (*defend*) votre thèse.

THESE: _____

ARGUMENT 1: _____

ARGUMENT 2: _____

ARGUMENT 3: _____

D. Sur une autre feuille, écrivez un paragraphe de 7 à 10 phrases qui contient une thèse et trois arguments développés en une ou deux phrases.

LA FAMILLE ET LES AMIS

CHAPITRE 2

PREMIERE PARTIE: EXERCICES ORAUX

A l'écoute

Anticipating Content (*continued*)

Another strategy that can help you predict content is to read the printed comprehension questions before you listen to the conversation on tape. Like visuals and introductory text, the comprehension questions can be used at any time to prepare you for the content of the dialogue. Using all these learning tools will enhance your listening comprehension and help you to be more receptive.

A la mairie. Les couples qui se marient en France doivent toujours d'abord passer à la mairie, même s'il y a un mariage religieux. Ici, il y a quatre témoins, en plus du couple. Qu'est-ce qui va se passer?

D'abord, arrêtez la bande pour regarder les dessins (pages 21–22) et pour lire les questions et les réponses possibles. Puis, toujours avant d'écouter, répondez aux deux questions ci-dessous (*below*) (page 22).

Le Mariage de Charlotte et de Jean

1. Qui est à l'heure? Qui est en retard?

_____

2. Quel problème va peut-être se poser?

_____

Maintenant, écoutez la cérémonie une ou deux fois. Puis, arrêtez la bande pour répondre aux questions qui suivent. Entourez la lettre correspondant à la réponse correcte. (Vous n'êtes pas obligé[e] de comprendre tous les mots. Si vous pouvez répondre aux questions posées après le dialogue, vous aurez compris les idées essentielles.) (*Les réponses se trouvent en appendice.*)

1. Que pense la femme de la robe de Charlotte?
   a. Elle est laide.
   b. Elle est trop petite.
   c. Elle est belle.

2. Quels articles du Code civil est-ce que le maire va lire?
   a. 213, 214 et 215
   b. 212, 213, 214 et 215
   c. 112, 113 et 114

3. L'Article 213 parle _____.
   a. des enfants
   b. de l'argent
   c. du divorce

4. Qu'est-ce que le maire demande à Charlotte?
   a. si elle aime Jean
   b. si elle veut prendre Jean comme époux
   c. si elle prend le mariage au sérieux

5. Quel est le problème à la fin?
   a. Jean dit «non».
   b. Charlotte dit «non».
   c. Jean ne répond pas, vraiment.

Mots et expressions

■■

Synonymes. D'abord, écoutez la liste d'expressions ci-dessous. Puis, écoutez les termes suivants et trouvez leur équivalent dans la liste. (*Vous n'allez pas utiliser toutes les expressions.*)

l'aîné   se marier
le cadet   son époux
faire la vaisselle   votre beau-frère
fonder un foyer

   MODELE: laver les assiettes → faire la vaisselle

1. … 2. … 3. … 4. … 5. …

Structures

■■

L'ARTICLE ET LE NOM

A. Masculin, féminin. Ecoutez les noms suivants et mettez les noms masculins au féminin et les noms féminins au masculin.

   MODELES: le fils → la fille

            une danseuse → un danseur

1. … 2. … 3. … 4. … 5. … 6. … 7. … 8. …

B. Singulier, pluriel. Ecoutez les noms suivants et mettez les noms singuliers au pluriel et les noms pluriels au singulier.

> MODELES: un ménage → des ménages
>
> des cérémonies → une cérémonie

1. …   2. …   3. …   4. …   5. …

C. Cherchez l'intrus. Ecoutez les questions et répondez en choisissant le nom qui ne convient pas.

> MODELE: Quel mot n'est pas un nom de personne?
>
> le fils   (le cheval)   l'aîné →
>
> *Le cheval* n'est pas un nom de personne.

1. l'architecte   l'ingénieur   le cadet
2. la boulangerie   la chanteuse   la boulangère
3. le français   le lycéen   l'arabe
4. les jeunes gens   le célibataire   la vaisselle
5. la maison   la belle-mère   la crèche

L'ADJECTIF QUALIFICATIF

A. Qu'entendez-vous? Ecoutez les phrases suivantes et indiquez si elles sont au *masculin*, au *féminin* ou si on *ne sait pas*, au cas où la différence est inaudible.

	M	F	NSP
MODELES: Michel est amoureux. →	☑	☐	☐
Vous êtes jeune. →	☐	☐	☑

	M	F	NSP			M	F	NSP
1.	☐	☐	☑		4.	☐	☑	☐
2.	☐	☑	☐		5.	☑	☐	☐
3.	☑	☐	☑		6.	☐	☐	☑

B. Descriptions. Ecoutez la description des personnes suivantes. Ensuite, faites une phrase en choisissant les deux adjectifs qui décrivent le mieux chacune.

> MODELE: Martine étudie la chimie à l'université de Grenoble. Elle pense être médecin un jour, et elle prend ses études très au sérieux. Mais quand elle n'est pas trop occupée à travailler, elle adore le sport, surtout le tennis, la natation, le golf et l'aérobic.
>
> Martine: (actif) / prudent / (ambitieux) / adorable →
>
> Martine est active et ambitieuse.

1. François: (franc) / menteur / (loyal) / faux
2. Stéphanie: hésitant / bourgeois / (élégant) / (décisif)
3. Paul: protestant / (passif) / réactionnaire / (paresseux)

C. Personnes et choses. Ecoutez les noms et adjectifs et combinez les deux mots en faisant attention à la position de l'adjectif.

> MODELES: la femme… vieille → la vieille femme
>
> un garçon… jaloux → un garçon jaloux

1. … 2. … 3. … 4. … 5. … 6. … 7. … 8. … 9. … 10. …

L'ADJECTIF POSSESSIF (REVISION)

A. Transformations. Ecoutez les phrases suivantes et mettez toute la phrase *au pluriel* ou *au singulier*.

> MODELES: Ta grand-mère arrive. → Tes grands-mères arrivent.
>
> Mes grands-pères sont charmants. → Mon grand-père est charmant.

1. … 2. … 3. … 4. … 5. … 6. … 7. … 8. …

B. Observations. D'abord, arrêtez la bande pour regarder les dessins et pour lire la liste d'adjectifs suivante (pages 25–26). Puis, écoutez les questions et décrivez les dessins en utilisant un adjectif possessif et un adjectif tiré de la liste. (*La réponse donnée est une réponse suggérée.*)

ancien	bien équipé	bruyant
ponctuel	harmonieux	travailleur

> MODELE: Comment est la cuisine de Suzanne et de Serge? → Leur cuisine est bien équipée.

1.

2.

3.

4.

5.

L'ADVERBE

A. Transformations. Ecoutez les adjectifs suivants et formez *l'adverbe* correspondant, selon les modèles.

> MODELES: vif → vivement
>
> patient → patiemment

1. … 2. … 3. … 4. … 5. … 6. … 7. … 8. … 9. … 10. …

B. Habitudes. D'abord, écoutez cette liste d'adverbes.

> souvent / parfois / généralement   rapidement / lentement
> bien / mal   beaucoup / trop / assez / peu / rarement

Puis, écoutez les déclarations suivantes, et répétez-les en ajoutant *l'adverbe* qui vous convient. Finalement, répondez à la question. (*La réponse donnée est une réponse suggérée.*)

> MODELE: Je conduis. → Je conduis rarement.
>
> Et votre camarade? → Il (Elle) conduit beaucoup.

1. … 2. … 3. … 4. … 5. …

Les sons des mots

∎∎

A. Voyelles orales: [u] [o] [ɔ]. Répétez.

[u]	[o]	[ɔ]
où	faux	bonne
époux	beau	folle
coûter	vélo	copine

B. Les consonnes: [k]*, [g]† et [r]. Répétez.

[k]	[g]	[r]
quel	gaz	amour
cadet	Guy	rester
occupé	goûter	libéré

C. Les consonnes: [p], [t] et [k]. Répétez.

[p]	[t]	[k]
père	tête	comme
copain	trop	quatre
échapper	toutes	kiosque

D. Ecoutez les différences et répétez.

1. flotte — flûte
2. rogue — roc
3. troupe — groupe
4. pôle — Paul
5. cadeau — radeau
6. folle — foule
7. coûter — goûter
8. guider — quitter
9. grasse — race
10. tout — toute

_____

*c devant $\begin{cases} a \\ o = [k] \\ u \end{cases}$ qu devant $\begin{cases} a \\ e \\ o = [k] \\ i \end{cases}$

†g devant $\begin{cases} a \\ o = [g] \\ u \end{cases}$ qu devant $\begin{cases} e \\ i = [g] \\ y \end{cases}$

E. Répétez les phrases suivantes.

1. Cette noce coûte trop cher.

2. Ma copine fait partie de votre groupe.

3. De vrais amis partagent tout.

F. Entraînement auditif. Entourez d'un cercle les mots que vous entendrez deux fois. (*Les réponses se trouvent en appendice.*)

MODELE: mer (marre) mère

1. fille (fils) fil

2. (mari) mairie marié

3. cadet (cadette) cadeau

4. femme fin (faim)

5. (père) pour par

Reprise

■■

A. Devinettes: Une famille. D'abord, arrêtez la bande pour regarder le dessin suivant. Puis, écoutez chaque description et devinez de qui il s'agit.

Marthe Bonvoisin Bravard

Léon Bravard

Michel Bravard

Thérèse Bravard

Annick Chevalier Bravard

Eric Bravard

1. … 2. … 3. … 4. … 5. … 6. …

B. Dictée: Ma famille. Ecoutez toute la dictée une première fois sans rien écrire. Ecoutez-la une deuxième fois et remplissez les blancs.

—Avez-vous des frères *et des sœurs* [1]?

—Oui, *mon* [2] frère est *mari* [3]. *Sa femme* [4] est professeur; ils ont *efice unique* [5].

—Vous *n'avez pas de* [6] sœurs?

—Si, une *de mes* [7] sœurs est *fiancée* [8] avec un *medicin* [9]; la deuxième est *celibataire* [10].

—Etes-vous *la cadet* [11] ou *les née* [12]?

—Je suis *la cadet* [13] à tous les trois.

—*Vous entendez-vous* [14] bien avec *vos* [15] parents?

—Oui, nous adorons *nous parent* [16], surtout *notre mère* [17]. Elle est toujours très *comparisive* [18].

Maintenant, écoutez la dictée une troisième fois pour vérifier vos réponses. (*Les réponses se trouvent en appendice.*)

DEUXIEME PARTIE: EXERCICES ECRITS

Mots et expressions

■■■

Une jeune fille déçue. Complétez le dialogue suivant de façon logique avec le présent des verbes suivants.

> rendre *to return* (something)
> rentrer *to go back inside; to go* (home or to one's own country)
> retourner *to return* (to a place where you have been before)
> revenir *to come back*

CLAIRE: Salut! Tu _____¹ déjà? Tu viens à peine de partir!

FRANCE: Oui, je viens te _____² ta robe. Je n'en ai plus besoin.

CLAIRE: Mais pourquoi?

FRANCE: Jacques ne veut plus m'emmener en boîte de nuit. Il préfère _____³ tôt et se

coucher de bonne heure.

CLAIRE: Alors, qu'est-ce que vous faites ce soir?

FRANCE: Nous allons simplement _____⁴ au cinéma, encore une fois!

CLAIRE: Pauvre petite! Ce n'est pas si grave! Il y a toujours une prochaine fois!

Structures

■■■

L'ARTICLE DEFINI ET L'ARTICLE INDEFINI

A. Déclarations. Complétez les phrases suivantes avec la forme correcte de *l'article défini*.

1. _____ Français moyen se marie assez jeune.

2. Je n'ai pas mal (à) _____ tête, mais j'ai mal (à) _____ ventre (*m.*).

3. Mon anniversaire est _____ 4 juin.

4. _____ dimanche, je joue toujours au tennis.

5. Madame la présidente, pouvons-nous commencer _____ réunion?

6. _____ jeunes mariés aiment être souvent ensemble.

B. Portraits. Faites les descriptions suivantes en complétant les phrases ci-dessous avec la forme correcte de *l'article indéfini*, si nécessaire.

1. Je suis américaine mais j'ai _____ parents qui habitent en France, _____ oncle et

_____ tante. Ils n'ont pas _____ enfants.

2. Andréa a _____ nouvelle camarade de chambre qui s'appelle Kiki. Elle est _____ italienne. Ce n'est pas _____ étudiante, c'est _____ musicienne.

3. Jeanne et Marc vont se marier le mois prochain. Nous pensons acheter _____ bouteille de champagne, _____ verres et _____ petits-fours pour fêter cela ensemble.

4. La fiancée d'Olivier n'est pas _____ catholique, elle est _____ protestante.

C. De nouveaux mariés. Christian montre une photo à son amie Chantal. Complétez la conversation suivante avec *l'article défini, l'article indéfini* ou *une forme contractée* de l'article, si nécessaire.

CHANTAL: Qui est-ce?

CHRISTIAN: Marie-Pierre et Michel, _____[1] nouveaux mariés que tu vas rencontrer _____[2] dîner ce soir.

CHANTAL: Sont-ils _____[3] français?

CHRISTIAN: Non, ce sont _____[4] Canadiens. Michel est _____[5] étudiant en médecine et Marie-Pierre voudrait travailler _____[6] Institut Pasteur. Ils vont bientôt s'installer à Paris dans _____[7] appartement qu'ils loueront à _____[8] oncle.

CHANTAL: Quand est-ce que _____[9] mariage a eu lieu?

CHRISTIAN: _____[10] mardi 3 mai. Ils se sont d'abord mariés _____[11] mairie, et ensuite _____[12] église.

CHANTAL: Pensent-ils avoir _____[13] enfants _____[14] jour?

CHRISTIAN: Oui! _____[15] famille est souvent _____[16] priorité _____[17] jeunes aujourd'hui, tu ne crois pas?

Nous avons la joie de vous annoncer la naissance de **Laura** le lundi 18 décembre 2000

Anne et Antoine Cabrel · 19 rue Pineau · 12400 Saint Martin

D. Voilà bébé! Complétez la lettre avec **c'est** ou **il/elle est** ou **ils/elles sont**.

Chère Tatie,

_____[1] un grand jour! Laura est née ce matin. _____[2] une petite fille blonde. Elle a les yeux bleus et _____[3] vraiment adorable. Tu peux imaginer son père. Il n'arrive pas à en croire ses yeux. Et sa mère? _____[4] fatiguée, mais tu sais, _____[5] une femme qui a beaucoup d'énergie. Aujourd'hui _____[6] encore à la clinique, mais ils vont rentrer demain. _____[7] fantastique, non?

Ta nièce,

Lisette

LE NOM

A. Masculin, féminin. Donnez *le féminin* des noms suivants.

1. un fils _____
2. un neveu _____
3. un partenaire _____

4. un mari _____
5. un ami _____
6. un camarade _____

B. Identification. Traduisez les phrases suivantes en français.

1. The person in the picture is my half-brother.

_____

2. Gérard Depardieu is a movie star.

_____

C. Féminin, masculin. Donnez *le masculin* des noms suivants.

1. une jumelle _____
2. une épouse _____
3. une coiffeuse _____
4. une monitrice _____
5. une baronne _____

6. une lycéenne _____
7. une Italienne _____
8. une danseuse _____
9. une boulangère _____

L'ADJECTIF QUALIFICATIF

A. Jean-Marc et Marie. Voilà une description de Jean-Marc. Maintenant décrivez Marie d'après le dessin ci-dessous.

1. Jean-Marc est blond. Marie est _____.
2. Il est grand. Elle est _____.
3. Il est triste. Elle est _____.
4. Jean-Marc est français. Marie est _____.

B. Qualifications. Ecrivez le nom accompagné de l'adjectif en position correcte.

>   MODELE: les mains / sale (*dirty*) → les mains sales

1. une vie / bon (*good*) _____

2. un garçon / pauvre (*poor*) _____

3. la page / même (*same*) _____

4. une robe / cher (*expensive*) _____

5. un livre / ancien (*old*) _____

6. la raison / seul (*only*) _____

C. Reportage. Vous assistez à trois mariages ce week-end et vous en faites le reportage. En utilisant les notes ci-dessous, faites des phrases *au pluriel* selon le modèle.

>   MODELE: mariage / avoir lieu / château →
>   Les mariages ont lieu dans des châteaux.

1. robe / mariée / être / original _____

   _____

2. grand-parent / arriver avec / demoiselle d'honneur _____

   _____

3. alliance (*wedding ring*) / mariés / être similaire _____

   _____

4. photo / époux / aller / être publié / journal _____

   _____

D. Un conte de fées. Après avoir lu le conte que vous venez de rédiger, votre éditeur a une critique: vous avez trop tendance à utiliser le pluriel. Suivez ses conseils en mettant les termes en italique *au singulier.*

Cendrillon passe sa vie à rêvasser (*daydream*). Comme *ses demi-sœurs aînées* _____

_____ [1] elle désire rencontrer *des jeunes gens merveilleux* _____ [2] un

jour. Elle rêve d'aller danser dans *de beaux châteaux* _____ [3] et de porter

de jolies robes _____ [4]. Grâce à *ses marraines* (*godmothers*)

_____ [5], son rêve se réalise. Elle se rend *aux bals des fils*

_____ [6] du roi où *les princes charmants* _____ [7]

la *remarquent* _____ [8], et sa vie près des «cendres» est alors finie.

L'ADJECTIF POSSESSIF (REVISION)

A. Photos de famille. Vous regardez un album de photos avec un ami. Complétez ses questions en utilisant la forme correcte de *l'adjectif possessif*.

>   MODELE: Ta sœur et toi, téléphonez-vous souvent à *votre* frère à Rome?

1. Vas-tu rendre visite à _____ sœur cet été?

2. Paul a-t-il des difficultés dans _____ mariage?

3. Jules et Jim ressemblent-ils à _____ mère ou à _____ père?

4. Est-ce qu'Anna s'entend bien avec _____ beaux-parents?

5. Vos grands-parents voient-ils fréquemment _____ petits-enfants?

B. Souvenirs de famille. Jeanne et Marc sont en train de déménager. Ils trouvent de vieux objets appartenant aux membres de la famille. Répondez aux questions selon le modèle en utilisant *un adjectif possessif.*

MODELE: — C'est ta lampe de bureau?
— Oui, c'est ma lampe.

1. —C'est ton disque?

—Oui, _____

2. —Ce sont les livres de Simone?

—Oui, _____

3. —C'est le chapeau de tante Aurélie?

—Non, _____

4. —C'est la raquette de tennis du grand-père de Bernard?

—Oui, _____

5. —C'est ta robe de baptême?

—Oui, _____

6. —Ce sont les vêtements de nos oncles?

—Non, _____

7. —C'est l'album de photos de maman et papa?

—Oui, _____

L'ADVERBE

A. Transformations. Formez *des adverbes* à partir des adjectifs donnés.

MODELE: tranquille → tranquillement

1. poli _____   6. énorme _____

2. vif _____   7. gentil _____

3. apparent _____   8. vrai _____

4. lent _____   9. rare _____

5. naturel _____   10. insuffisant _____

B. Questions de couple. Annick et Paul discutent du mariage. Traduisez les adverbes en français et récrivez la phrase en les mettant à leur place.

1. PAUL: Est-ce que tu penses au mariage? (*often*)

_____

2. ANNICK: Tu sais, les jeunes femmes préfèrent rester célibataires. (*today, sometimes*)

    _____

3. PAUL: Mais tu dis que tu adores la vie avec moi. (*always*)

    _____

4. ANNICK: Oui, mais est-ce que nous avons besoin de nous marier? (*tomorrow*)

    _____

5. PAUL: Tu exagères! Nous sommes un couple. Nous pouvons nous fiancer, au moins. Non? (*already, now*)

    _____

6. ANNICK: Je veux attendre un peu, s'il te plaît. (*still*)

    _____

7. PAUL: Comme tu veux, mais je ne veux pas attendre longtemps! (*too*)

    _____

A votre avis, est-ce que ce couple doit se marier? Expliquez. _____

_____

_____

Reprise

■■■

A. Un dimanche en famille. Complétez les phrases avec la forme correcte de *l'article défini,* de *l'article indéfini* ou de *l'adjectif possessif.*

_____[1] dimanche, _____[2] enfants Bézier rendent toujours visite (à)

_____[3] grands-parents qui habitent _____[4] village méditerranéen. D'habitude,

Papi se repose dans _____[5] jardin. Mais _____[6] enfants, qui adorent

_____[7] anecdotes, ne le laissent pas tranquille. Pendant ce temps, M. et Mme Martin

s'installent dans _____[8] salle de séjour avec Mamie, et ils discutent (de)

_____[9] événements de _____[10] semaine passée. Après _____[11]

repas, on fait _____[12] petite promenade au bord de _____[13] mer.

_____[14] enfants chassent _____[15] oiseaux et _____[16] adultes

s'arrêtent pour prendre _____[17] café (à) _____[18] Hôtel Bleu.

B. Devinettes. D'abord, traduisez les adjectifs anglais en français. Puis, répondez à la devinette en écrivant en français le nom des objets ou des personnes de la liste ci-dessous.

> baby   wine   twins (*f.*)   castle   jewels

> MODELE: —Je suis très <u>grand</u> (*large*), <u>ancien</u> (*old*) et d'origine <u>européenne</u> (*European*). Vous me trouvez dans la vallée de la Loire. Qui suis-je?
> —Vous êtes un <u>château</u>.

1. —Je suis tout _____ (*small*), très _____ (*sweet*) et presque

    toujours _____ (*happy*). Vous me trouvez _____

    (*adorable*). Qui suis-je?

    —Tu es _____.

2. —Nous sommes _____ (*magnificent*) et souvent très _____

    (*expensive*). Certaines personnes disent que nous sommes _____

    (*indispensable*) et que nous avons une valeur _____ (*sentimental*). Qui

    sommes-nous?

    —Vous êtes _____.

3. —Je suis un liquide _____ (*transparent*) et _____

    (*expensive*). Beaucoup de gens me préfèrent _____ (*white*) et

    _____ (*cool*). Qui suis-je?

    —Vous êtes _____.

4. —Nous sommes _____ (*identical*), _____ (*blond*) aux yeux

    _____ (*blue*) et parfois _____ (*jealous*). Qui sommes-nous?

    —Vous êtes _____.

C. Un jeune couple français. Traduisez les phrases suivantes en français.

1. Alain and Chantal have been married for three years.

    _____

2. He has blond hair and blue eyes.

    _____

3. She's a redhead, and she has beautiful eyes. She wears expensive clothes.

    _____

4. Alain and Chantal are serious students. She wants to become a doctor and he hopes to become a famous writer.

    _____

5. My friends are very nice, interesting, and always in a good mood.

    _____

6. We often go out in a group.

    _____

D. Au contraire! Vous parlez avec une copine qui ne vous connaît pas bien. Corrigez ses perceptions en complétant chaque dialogue avec *un adverbe* tiré de cette liste.

bêtement	rarement
difficilement	silencieusement
impatiemment	spontanément
lentement	

1. —Toi, tu réussis tout avec facilité. —Sauf les maths! Là, je comprends vraiment

    _____.

2. —Toi, tu sors très souvent. —Moi? Pas du tout! Je sors très _____.

3. —Toi, tu as beaucoup de patience. —Pas vraiment. Quand mes amis sont en retard j'attends

    _____.

4. —Toi, tu comprends tout avec rapidité. —Pas les maths! Je les comprends les maths

    _____.

5. —Toi, tu parles de façon intelligente. —Pas toujours! Parfois je parle _____.

6. —Toi, tu réfléchis toujours avant d'agir. —Mais non! Parfois je fais les choses

    _____.

7. —Tu said, tu fais beaucoup de quand tu manges. —Moi? Ce n'est pas vrai! Je mange toujours

    _____.

Pour écrire en français

▪▪

Writing an Introduction and a Conclusion

> *I begin with a subject or a situation that I'm really caught by. I try to pick something I don't understand. What I know at the beginning is never the same as what I know at the end.*   —Elizabeth Cox

Introductions

1. Present a clear, provable thesis statement, often the last sentence in the paragraph;
2. Make the reader want to continue reading;
3. May be written after the body of the paper, when the writer has thoroughly explored the topic.

Conclusions

Conclusions always give a sense of closure. They also do one or more of the following:

1. Present a final thought worth adding;
2. Suggest another possible interpretation for the facts presented;
3. Ask a question for thoughtful readers to consider;
4. Answer questions raised elsewhere in the paper.

Activités

A. Pour votre rédaction, choisissez un sujet présenté dans *Lectures littéraires, Variétés culturelles* ou dans ce cahier-ci. Ecrivez la thèse et les arguments qui la soutiennent.

Sujet possible: Décrivez un membre de votre famille ou un ami / une amie que vous admirez.

THESE: _____

ARGUMENT 1: _____

ARGUMENT 2: _____

ARGUMENT 3: _____

B. Ecrivez un paragraphe d'introduction pour cette rédaction. Incorporez votre thèse dans ce paragraphe.

_____

_____

_____

_____

_____

C. Choisissez une des idées que vous avez présentées pour écrire votre conclusion.

_____

_____

_____

_____

_____

D. Sur une autre feuille, écrivez une version finale de votre rédaction avec une introduction, un développement et une conclusion. Ajoutez un titre, si possible.

LA FRANCE D'AUTREFOIS

PREMIERE PARTIE: EXERCICES ORAUX

A l'écoute

Knowing the Context

Both before and while listening, you'll want to know two things about a conversation: What is the topic of discussion, and what is the purpose of this conversation? After you identify the topic, think about what you already know about it; it is easier to understand a discussion when you are familiar with the subject. Try to focus on who is speaking and why. Is a tourist asking for information? Are two friends sharing some news? Is a tour guide talking about a castle? The more context you can perceive in a topic, the easier it will be to understand what's being said.

Au château de Blois. Alain et Chantal visitent le château, mais au lieu d'écouter le guide, ils parlent. Avant d'écouter la scène, arrêtez la bande pour regarder les dessins et pour répondre aux questions suivantes.

1. Qu'est-ce que ces touristes visitent?

   un château

2. Est-ce que les touristes vont rester avec le guide? Comment le savez-vous?

   non

3. Quels types de sites aimez-vous visiter? Marquez-les d'une croix.

    __X__ les villes-fantômes

    _____ les grottes (*caves*)

    _____ les châteaux

    _____ les musées

    __X__ les cimetières

    _____ autre chose?

Maintenant, écoutez la scène une ou deux fois et arrêtez la bande pour répondre aux questions de compréhension qui suivent. Entourez d'un cercle toutes les réponses logiques. (*Les réponses se trouvent en appendice.*)

1. Où se trouvent ces touristes?
    a. A Versailles   b. A Blois   c. A Paris

2. Quand est-ce qu'on a commencé la construction de la forteresse?
    a. Au Xe siècle   b. Au XVe siècle   c. Au XIIe siècle

3. Quel aspect de l'histoire est-ce que Chantal n'aime pas?
    a. Les dates   b. Les personnes   c. Les châteaux

4. Où est-ce que François 1er a choisi de vivre?
    a. A Paris   b. A Versailles   c. Dans le Val de Loire

5. Selon le guide, quelle est une des choses les plus remarquables au château de Blois?
    a. Les tableaux   b. L'escalier   c. Les jardins

6. Pourquoi est-ce que l'autre touriste est impatient avec Alain et Chantal?
    a. Parce qu'ils parlent pendant la visite
    b. Parce qu'ils ont soif
    c. Parce qu'ils n'aiment pas le château

Mots et expressions

■■

Définitions. D'abord, écoutez la liste de termes ci-dessous. Puis, écoutez les explications et trouvez dans la liste les termes correspondants. (*Vous n'allez pas utiliser tous les mots de la liste.*)

la bourgeoisie   les paysans
la cour   le peuple
la noblesse   la reine
le palais   le siècle

MODELE: historiquement, la classe sociale la moins cultivée → le peuple

1. …   2. …   3. …   4. …   5. …

Structures

LES PRONOMS DISJOINTS

Questions personnelles. Ecoutez les questions et répondez-y à votre façon en employant un pronom disjoint (*moi, toi,* etc.). (*La réponse donnée est une réponse suggérée.*)

    MODELE: Allez-vous chez Jacques et Gilles ce soir? → Oui, je vais chez eux ce soir.

1. …   2. …   3. …   4. …

LE COMPARATIF ET LE SUPERLATIF

A. Deux familles célèbres. D'abord, arrêtez la bande pour regarder les dessins ci-dessous. Puis comparez ces gens en répondant aux questions suivantes. (*La réponse donnée est une réponse suggérée.*)

    MODELE: Est-ce que Marie-Antoinette est plus élégante que Marie-Louise? →
                 Non, Marie-Louise est aussi élégante que Marie-Antoinette.

1. …   2. …   3. …   4. …   5. …   6. …

B. Qu'en pensez-vous? Ecoutez les questions et répondez en utilisant *un superlatif* et l'un des éléments proposés ci-dessous. (*La réponse donnée est une réponse suggérée.*)

    MODELE: Qui parle le moins de langues étrangères?
                 (vous / le président des Etats-Unis / le président de la République française) →
                 Le président des Etats-Unis parle le moins de langues étrangères.

1. Saint-Pierre-de-Rome / Saint-Paul de Londres / Notre-Dame de Paris
2. la reine d'Angleterre / le président de la République française / le Premier ministre du Canada
3. le basket / le football / l'aérobic
4. Jane Austen / Ernest Hemingway / Danielle Steel
5. le Grand Palais de Bangkok / l'arc de Triomphe / le tombeau de Lyndon B. Johnson

LE PASSE COMPOSE AVEC *AVOIR* ET *ETRE*

A.   Qu'entendez-vous? Indiquez si les verbes suivants sont au *présent*, au *passé composé* ou au *futur*.

		P	PC	F
MODELES:	Jérôme est divorcé. →	☑	☐	☐
	Il a divorcé. →	☐	☑	☐

	P	PC	F			P	PC	F
1.	☐	☐	☐		4.	☐	☐	☐
2.	☐	☐	☐		5.	☐	☐	☐
3.	☐	☐	☐		6.	☐	☐	☐

B.   Lancelot du Lac. Ecoutez les phrases et racontez la vie de ce chevalier en mettant les verbes *au passé composé.*

> MODELE: Lancelot entend parler de la Table ronde. →
> Lancelot a entendu parler de la Table ronde.

1. …   2. …   3. …   4. …   5. …   6. …   7. …

C.   Un peu d'histoire. Répondez aux questions suivantes en choisissant la bonne réponse. Vous entendrez chaque question deux fois.

> MODELE: Quand est-ce que le Louvre est devenu un musée?
>
> 1291   /   (1791)   →
>
> Le Louvre est devenu un musée en 1791.

1.	1789 / 1879	4.	Richelieu / Napoléon
2.	Louis XIV / Louis XVI	5.	la Louisiane / la Virginie
3.	à Paris / à Vienne		

LE PASSE COMPOSE DES VERBES PRONOMINAUX

A.   Identifications. D'abord, arrêtez la bande pour regarder les dessins ci–dessous (pages 43–44). Puis, écoutez les descriptions et indiquez à quelle image correspond chacune. Identifiez alors le personnage en question.

> MODELE: Elle s'est sacrifiée pour sa patrie. → C'est l'image numéro 5, Jeanne d'Arc.

1.   Napoléon   2.   La Joconde   3.   Louis XIV

4. Marie-Antoinette   5. Jeanne d'Arc

B. Un lundi typique. Donnez une réponse logique en utilisant un des éléments proposés. (*La réponse donnée est une réponse suggérée.*)

MODELE: A quelle heure est-ce que tu t'es levé(e)?
          à 7 h / à 22 h →
          Je me suis levé(e) à 7 h.

1. oui / non
2. à la bibliothèque / au parc
3. s'écrire / se téléphoner
4. s'amuser / s'ennuyer
5. à 7 h / à 23 h

Les sons des mots

A. 1. Les voyelles orales: [y] [ø] [œ]. Répétez.

[y]	[ø]	[œ]
eu	lieu	peur
début	fameuse	peuple
république	heureux	seul

2. **Le [ə] instable:** En général, à l'intérieur d'un mot, il faut prononcer le [ə] qui est précédé de deux consonnes différentes. Le [ə] ne se prononce pas quand il est précédé d'une seule consonne. Répétez.

[ə] prononcé	[ə] muet
vendredi	samedi
simplement	seulement
forteresse	ennemi

B. Deux consonnes: [f] et [v]. Répétez.

[f]	[v]
chef	révolte
défaite	valeur
philosophie	ils peuvent

C. Ecoutez les différences et répétez.

1. sur   sœur
2. vous   vu
3. cour   cœur
4. du   doux
5. un œuf   des œufs

6. feu   vœu
7. neuf   neuve
8. il peut   ils peuvent
9. elles volent   elles veulent
10. ouvert   offert

D. Répétez les phrases suivantes.

1. Le peuple est de plus en plus malheureux.
2. Ce chef courageux veut envahir la forteresse tout seul.
3. On murmure que les petites révoltes ne font pas du tout peur.

E. Entraînement auditif. Entourez d'un cercle les mots que vous entendrez deux fois. (*Les réponses se trouvent en appendice.*)

MODELE: ils ont descendu   (ils sont descendus)

1. ils ont sorti   ils sont sortis
2. elles ont passé   elles sont passées
3. on est rentré   on a rentré
4. j'ai vu   j'ai eu
5. tout va mieux   tu vas mieux
6. elle a ouvert   elle a offert
7. il a vu   il avoue
8. nous avons permis   nous avons promis
9. j'ai lu   j'ai élu
10. il a pris   il a appris

Reprise

■■■

A.   Devinettes: Célébrités. Ecoutez les noms suivants avant de commencer cet exercice. Puis, écoutez chaque description et devinez de qui il s'agit. (*Mettez le numéro de la description devant le nom correspondant. Les réponses se trouvent en appendice.*)

____ Marie-Antoinette   ____ Napoléon   ____ Charles de Gaulle

____ Louis XIV   ____ Jeanne d'Arc

B. Dictée: La Révolution française. Ecoutez toute la dictée une première fois sans rien écrire. Ecoutez-la une deuxième fois et remplissez les blancs.

En 1789, les Français _____[1] la fin de la monarchie absolue. Les paysans et les

artisans _____[2]. Le roi _____[3]. Le 14 juillet, la

Révolution _____[4]. La Bastille _____[5]. On

_____[6] la Déclaration des droits de l'homme en août. Trois ans plus tard, le roi et

la reine _____[7] de s'évader. _____[8] rattrapés, jugés et exécutés.

Ils _____[9] la tête coupée. La République _____[10].

Maintenant, écoutez la dictée une troisième fois pour vérifier vos réponses. (*Les réponses se trouvent en appendice.*)

DEUXIEME PARTIE: EXERCICES ECRITS

Mots et expressions

L'époque médiévale. Complétez les phrases de façon logique avec les mots ci-dessous, au singulier ou au pluriel.

guerre   peuple
monarchie   pouvoir
moyen âge   roi
noblesse   siècle

Le _____¹ est une période historique un peu difficile à imaginer. Pendant dix

_____² (= mille ans), le _____³ reste essentiellement dans les

mains de la _____⁴ régionale; les ducs, les comtes et les barons jouent un rôle

très important. Ils protègent le _____⁵, surtout les paysans qui vivent près de

leurs châteaux, pendant les petites _____⁶ qui ont souvent lieu. Un autre

système, la _____⁷, avec un _____⁸ et une reine à la tête du

pays, se développe petit à petit, et la France va vers une période très riche, la Renaissance.

Structures

LES PRONOMS DISJOINTS

Quand on étudie l'histoire. Mike, un Américain, et Jean-Philippe, un étudiant français qui habite aux Etats-Unis, parlent de quelques différences entre les cours d'histoire en France et aux USA. Ajoutez les pronoms disjoints (*moi, toi,* etc.) qui conviennent.

JEAN-PHILIPPE: En France, on commence à étudier l'histoire très jeune. _____¹, j'ai adoré entendre

parler de l'homme de Cro-Magnon, un des premiers hommes en France, vers 15 000 ans

avant J-C. Mes sœurs, _____², ont préféré l'histoire des Gaulois. Ce sont _____³

qui se sont longtemps défendus contre les Romains qui voulaient contrôler le monde

entier. Et _____⁴, qu'est-ce que tu as étudié?

MIKE: Chez _____⁵, bien sûr, l'histoire commence plus tard, avec les Amérindiens. Quand

les Européens sont arrivés chez _____⁶, ils avaient déjà (*already had*) une culture

importante. Chez _____⁷, est-ce que vous étudiez l'Amérique?

JEAN-PHILIPPE: Mais oui. Un de mes professeurs, Mme Dufour, a écrit un livre sur les USA. C'est

_____[8] qui m'a donné ma passion pour l'Amérique. Et _____[9], quand j'ai passé

le bac en 1999, j'ai choisi le sujet «Le modèle américain et son influence dans le monde

depuis 1945». Le seul problème? Nos profs ont choisi nos livres pour _____[10].

Quand on est plus âgé, on décide _____[11]-même des livres qu'on veut lire.

MIKE: Tu vas te moquer de _____[12], mais je dois dire que tu connais certainement mieux

l'histoire des Etats-Unis que _____[13].

LE COMPARATIF ET LE SUPERLATIF

A. Comparaisons. Comparez la France et les Etats-Unis en utilisant les termes suivants dans vos phrases.

MODELES: + monuments → En France, il y a plus de monuments qu'aux Etats-Unis.

= démocratique → Les Etats-Unis sont un pays aussi démocratique que la France.

1. − cathédrales gothiques

_____

2. = traditions

_____

3. − puissant

_____

4. + habitants

_____

5. + châteaux

_____

6. − protestants

_____

7. = fiers de leur histoire

_____

B. Le plus et le moins. Voici quelques sujets de dissertation (*term paper*) proposés par votre professeur d'histoire. Créez des questions avec *le superlatif de supériorité ou d'infériorité* des adjectifs entre parenthèses. Faites attention à la position des adjectifs.

MODELE: Quelle a été la bataille / de la guerre de Cent Ans? (+ grand) (− important) →
Quelle a été la plus grande bataille de la guerre de Cent Ans?
Quelle a été la bataille la moins importante de la guerre de Cent Ans?

1. Quelle a été la cour / du XVIIe siècle? (+ brillant)

_____

2. Est-ce qu'Henri IV a été le roi / de la Renaissance? (+ bon)

_____

3. Quelles sont les victoires / de Napoléon? (− connu)

_____

4. Qui est la reine / de France? (− compris)

_____

5. Quel est le monument historique / de Paris? (+ vieux)

_____

LE PASSE COMPOSE AVEC *AVOIR* ET *ETRE*

A. Un peu d'histoire. Mettez les phrases suivantes *au passé composé.*

1. Napoléon arrive au pouvoir.

_____

2. Il écrit le Code civil.

_____

3. Les guerres deviennent encore plus terribles.

_____

4. Il faut suivre les désirs du peuple.

_____

5. Napoléon part en exil en 1815.

_____

B. Contradictions. Mettez les phrases suivantes *à la forme négative* entre parenthèses.

1. Vous avez vu les paysans. (ne… pas)

_____

2. Ils ont eu faim. (ne… plus)

_____

3. Nous sommes sortis plusieurs fois cette semaine. (ne… pas)

_____

4. Vous avez voyagé en France. (ne… jamais)

_____

5. Il a eu le temps de le faire. (ne… jamais)

_____

C. Une reine célèbre. Deux étudiants discutent d'un personnage mémorable. Posez des questions qui correspondent aux réponses données.

1. Q: _____

   R: Oui, j'ai lu des livres sur Marie-Antoinette.

2. Q: _____

   R: Oui, j'ai vu son portrait.

3. Q: _____

   R: Oui, j'ai été impressionné(e) par sa jeunesse.

4. Q: _____

   R: Mais oui, j'ai eu pitié pour elle.

D. L'influence italienne. Complétez cette histoire de deux rois français de la Renaissance avec les formes correctes du *passé composé* des verbes entre parenthèses.

En 1494, Charles VIII _____[1] (*mener*) son armée en Italie. Il

_____[2] (*trouver*) l'Italie merveilleuse. Il _____[3] (*découvrir*) que

les Italiens étaient plus avancés dans les arts que les Français. Ce voyage _____[4]

(*marquer*) pour la France le passage du moyen âge à la Renaissance.

François Iᵉʳ _____[5] (*devenir*) roi en 1515. Il _____[6]

(*continuer*) la guerre en Italie. Il _____[7] (*ne pas avoir*) beaucoup de succès et il

_____[8] (*perdre*) des batailles. La civilisation italienne _____ beaucoup

_____[9] (*impressionner*) le roi et il _____ souvent _____[10]

(*retourner*) en Italie. Ce roi brillant _____[11] (*inviter*) beaucoup d'artistes et

d'architectes italiens en France. On _____[12] (*construire*) la plupart des châteaux de

la Loire pendant la Renaissance française.

LE PASSE COMPOSE DES VERBES PRONOMINAUX

Des moments de l'histoire. Mettez les phrases suivantes *au passé composé.*

1. Marie-Antoinette se regarde souvent dans le miroir.

   _____

2. Napoléon et Joséphine s'écrivent souvent des lettres passionnées.

   _____

3. Les paysans se réveillent très tôt le matin.

   _____

4. Les paysannes ne se rendent pas visite.

   _____

5. Les gens de la cour se couchent très tard après la fête.

   _____

6. Qu'est-ce qui se passe pendant la Révolution?

   _____

Reprise

A. Souvenirs du lycée. Lisez le dialogue ci-dessous. Puis, complétez les phrases avec *les pronoms disjoints* (*moi, toi,* etc.) qui conviennent.

CATHERINE: As-tu revu tes professeurs du lycée depuis que tu es à la fac?

THERESE: Non, et je n'ai jamais pense à _____¹... mais il y en avait (*there was*) un... M. Dupeux. C'est _____² qui nous enseignait l'histoire de France.

CATHERINE: Etait-il (*Was he*) content de _____³?

THERESE: Non, il n'a jamais vraiment eu confiance en _____⁴, je veux dire, en mon amie et _____⁵.

CATHERINE: Qu'est-ce qu'il vous a fait, au juste?

THERESE: _____⁶, tout ce qu'il a fait, c'est de nous donner plus de devoirs! Les autres profs, _____⁷, ont été beaucoup plus gentils.

B. Opinions ou certitudes? Complétez les phrases avec *les comparatifs de supériorité, d'égalité* ou *d'infériorité* selon les indications.

1. le château de Versailles / être / + grand / le château d'Amboise

   _____

2. les étudiants de langues / apprendre / − dates / les étudiants d'histoire

   _____

3. les archéologues français / travailler = / les archéologues nord-américains

   _____

4. l'histoire de France / être / = intéressant / l'histoire de l'Amérique du Nord

   _____

5. les livres d'histoire illustrés / être / + bon / les livres sans illustrations

   _____

C. Exagérations? Traduisez les phrases suivantes en français.

1. Notre-Dame de Paris is the most beautiful cathedral in Europe.

   _____

2. Charles VI was the craziest king of France.

   _____

3. I visit the fewest palaces.

   _____

4. War is the worst solution to problems.

   _____

D. Une caverne magnifique en Ardèche. Pour reconstituer l'histoire de la découverte de cette caverne, mettez les verbes entre parenthèses *au passé composé*. Attention à l'accord du participe passé.

En explorant une caverne dans la région ardéchoise le 18 décembre 1994, Jean-Marie Chauvet

_____[1] (*entendre*) un bruit et _____[2] (*sentir*) un courant d'air

inattendu. Il _____[3] (*se demander*) d'où venait ce courant d'air et il

_____[4] (*se mettre à*) chercher son origine. Il _____[5] (*voir*) un

trou (*hole*) et il _____[6] (*dire*) à ses amis de venir regarder cette ouverture bizarre.

Après quelques minutes d'analyse, les trois amis _____[7] (*se rendre compte*) de leur

chance extraordinaire quand ils _____[8] (*voir*) la caverne souterraine. Ils

_____[9] (*retourner*) tout de suite chez eux chercher des cordes pour pouvoir mieux

explorer la caverne. Quand ils _____[10] (*descendre*) dans la caverne, ils y

_____[11] (*trouver*) plus de 300 images d'animaux sur les murs. Ils

_____[12] (*comprendre*) qu'il fallait (*was necessary*) préserver ce site préhistorique,

alors ils _____[13] (*ne... rien toucher*), et ils _____[14] (*faire*) très

attention. Jean-Marie Chauvet _____[15] (*prendre*) contact avec le gouvernement,

qui _____[16] (*envoyer*) des experts en archéologie préhistorique. Ils

_____[17] (*déterminer*) que le site était (*was*) vieux de 30 000 ans. De plus, le

gouvernement _____[18] (*décider*) de baptiser ce site du nom de Chauvet.

E. Ce que j'ai fait. François Ier, roi de France de 1515 à 1547, raconte l'histoire de son règne. Mettez les verbes entre parenthèses *au passé composé*. Attention à l'accord du participe passé.

Je _____[1] (*naître*) en 1494. Je _____[2] (*devenir*) roi, et

j'_____[3] (*vivre*) à Amboise. J'_____[4] (*faire*) construire beaucoup

de châteaux dans la vallée de la Loire. Mon armée _____[5] (*aller*) faire la guerre en Italie. Mes soldats _____⁶ (*prendre*) des villes italiennes. Nous

_____⁷ (*rapporter*) des trésors. J'_____⁸ (*encourager*) les beaux-

arts. Quelques artistes italiens _____⁹ (*venir*) en France. Léonard de Vinci lui-

même _____¹⁰ (*vivre*) à Amboise et beaucoup de ses œuvres d'art

_____¹¹ (*rester*) en France. De Vinci _____¹² (*mourir*) au Clos-

Lucé, près du château d'Amboise.

F. La Réforme protestante. Décrivez ce mouvement religieux en mettant les verbes entre parenthèses au *passé composé*. Attention à l'accord du participe passé.

Au XVIᵉ siècle, Luther et Calvin _____¹ (*commencer*) la Réforme protestante. Ils

_____² (*demander*) des changements qui _____³ (*donner*)

naissance à cette réforme. Les protestants français _____⁴ (*prendre*) le nom de

huguenots. Cette réforme _____⁵ (*bouleverser*) la France. Catherine de Médicis

_____⁶ (*essayer*) d'assurer la paix, mais les catholiques

_____⁷ (*se révolter*). Le conflit _____⁸ (*s'aggraver*). Finalement,

la reine _____⁹ (*faire*) massacrer des milliers de huguenots. Beaucoup d'entre

eux _____¹⁰ (*réussir*) à s'échapper et certains _____¹¹

(*pouvoir*) quitter l'Europe. Beaucoup de ces gens _____¹² (*venir*) s'installer en

Amérique.

Pour écrire en français

▪▪▪

Choosing a Title

> *We're all writers. If you love words, if you love language, if you tell stories to other people, you're a writer.* —*Robert Fulghum*

Your title, though it may be short, plays a very important role in a successful paper. Spend enough time on it to make sure it does the following:

1. Grabs the reader's attention;
2. Helps readers anticipate what will follow;
3. Indicates the tone of the paper (light, serious, ironic, etc.).

Good titles are often written after the paper has been completed, not before.

Activités

A. Lisez le paragraphe suivant sur François Ier. Ensuite, regardez les titres suggérés pour un livre sur la vie de ce roi de la Renaissance française. Quel titre préférez-vous? Pourquoi?

Le Roi-Chevalier François Ier avait la réputation d'être un protecteur des arts. Grâce à lui, on a bâti les grands châteaux de Blois, Chambord et Fontainebleau. Il a fait venir en France de grands artistes italiens tels que (*such as*) Léonard de Vinci, qui a donné la Joconde (*Mona Lisa*) à la France.

TITRES POSSIBLES:

L'Ange gardien des arts
Le Trésor de François Ier
La Dame souriante
François Ier et son splendide héritage
La Belle et le roi
Les Rois préfèrent les Italiennes

B. Ecrivez 1 ou 2 titres pour l'épisode suivant.

En 1792, le roi Louis XVI a perdu tout son pouvoir et l'Assemblée l'a condamné à mort. Le 21 janvier 1793, il a été guillotiné. Neuf mois après, on a guillotiné la reine Marie-Antoinette.

C. Choisissez un sujet de composition présenté dans *Lectures littéraires, Variétés culturelles* ou dans ce cahier-ci.

Sujet possible: Comparez deux célébrités (hommes/femmes politiques, acteurs/actrices, etc.).

1. Ecrivez une thèse pour l'introduction.

   _____

2. Ecrivez trois arguments qui soutiennent cette thèse.

   ARGUMENT 1: _____

   ARGUMENT 2: _____

   ARGUMENT 3: _____

D. Sur une autre feuille, écrivez une rédaction sur ce sujet. N'oubliez pas de trouver un titre éloquent pour votre rédaction.

L'INDIVIDU ET LA SOCIETE

PREMIERE PARTIE: EXERCICES ORAUX

A l'écoute

Activating Background Knowledge

Another listening strategy involves activating what you already know about a topic to better understand what you hear. Once you've identified the topic, try to recall familiar vocabulary related to it. Verbs are always important; nouns and adjectives are also very helpful. Obviously, those aren't the only words you'll hear in conversations, but some of them will no doubt be used. Keeping vocabulary you know in mind will help you feel you're in familiar territory even when listening to a conversation for the first time.

C'est cher, l'essence. Vous allez bientôt entendre une discussion et un reportage sur le prix de l'essence. D'abord, écoutez les paires de mots ci-dessous. Soulignez les mots que vous pensez entendre dans une telle situation.

le carburant	*ou*	le concurrent
les stations-service	*ou*	les stations de ski
le titre	*ou*	le litre
le pacte	*ou*	la taxe
le baril	*ou*	l'appareil
le prix	*ou*	le cri

Maintenant, regardez le dessin (page 56) et écoutez la conversation et le reportage une ou deux fois. Puis, arrêtez la bande pour répondre aux questions qui suivent. Entourez la lettre correspondant à la réponse correcte. (*Les réponses se trouvent en appendice.*)

1. Pourquoi est-ce que Paul raccompagne Annick en voiture?
   a. Parce qu'elle ne sait pas conduire
   b. Parce qu'elle a peur de marcher
   c. Parce qu'elle n'a plus la voiture de sa mère

2. Laquelle des raisons de ne pas conduire *ne figure pas* dans la discussion ou dans le reportage?
   a. Le parking
   b. Les contraventions
   c. Les assurances
   d. L'essence

3. Quel type d'essence coûte plus de 1,75 euros?
   a. Le carburant normal
   b. Le supercarburant
   c. Le gazole (*diesel*)

4. Le prix du baril de brut a augmenté de combien en un an?
   a. Il coûte 2 fois plus.
   b. Il coûte 3 fois plus.
   c. Il coûte 5 fois plus.
   d. Il coûte 10 fois plus.

5. Les deux amis se plaignent…
   a. des taxes sur l'essence.
   b. des policiers.
   c. du prix des voitures.
   d. de la pollution en ville.

6. Si Paul achète une trottinette, qu'est-ce qu'il ne va pas pouvoir faire?
   a. Circuler en ville
   b. Aller au cinéma
   c. Raccompagner Annick chez elle

Mots et expressions

▪▪

Familles de mots. Ecoutez les termes suivants et donnez les verbes tirés de ces noms. Suivez les modèles.

MODELES: le coût → coûter

la respiration → respirer

1. ... 2. ... 3. ... 4. ... 5. ... 6. ... 7. ...

Structures

▪▪

L'IMPARFAIT

A. Entraînement auditif. Entourez d'un cercle les mots que vous entendrez deux fois. (*Les réponses se trouvent en appendice.*)

MODELE: nous lisons (nous lisions)

1.	vous alliez	vous allez	5.	nous dormions	nous dormons
2.	nous habitions	nous habitons	6.	tu venais	vous venez
3.	il avait	ils avaient	7.	ils écrivaient	il écrivait
4.	vous jouez	vous jouiez	8.	elles attendaient	elle attendait

B. Le choix des prénoms. Ecoutez les phrases suivantes. Dites quels prénoms les Français donnaient autrefois à leurs enfants en mettant les phrases *à l'imparfait.*

MODELE: On nomme les garçons Jean. → On nommait les garçons Jean.

1. ... 2. ... 3. ... 4. ... 5. ...

C. Safari-photo. Un photographe pour le magazine *GEO* raconte ce qu'il faisait chaque fois qu'il allait travailler en Afrique. Ecoutez ses remarques et mettez les verbes *à l'imparfait.*

MODELE: On visite des parcs au Kenya et en Tanzanie. →
On visitait des parcs au Kenya et en Tanzanie.

1. ... 2. ... 3. ... 4. ... 5. ... 6. ...

L'IMPARFAIT PAR RAPPORT AU PASSE COMPOSE

A.   Qu'entendez-vous? Ecoutez les verbes suivants et indiquez s'ils sont *au passé composé* ou *à l'imparfait*.

> MODELE: je passais →
>
> PASSE COMPOSE   IMPARFAIT
>
> ☐   ☑

	PASSE COMPOSE	IMPARFAIT		PASSE COMPOSE	IMPARFAIT
1.	☐	☐	5.	☐	☐
2.	☐	☐	6.	☐	☐
3.	☐	☐	7.	☐	☐
4.	☐	☐	8.	☐	☐

B.   Hier. Décrivez ce qui s'est passé hier. Ecoutez les phrases suivantes. Pour chaque phrase, mettez le premier verbe *à l'imparfait* et le deuxième *au passé composé*, selon le modèle.

> MODELE: Il pleut; vous restez chez vous. → Il pleuvait; vous êtes resté(e)(s) chez vous.

1. …   2. …   3. …   4. …

LES PRONOMS OBJETS DIRECTS ET INDIRECTS

A.   Des lieux raisonnables. Ecoutez les questions posées et répondez selon le modèle en utilisant l'élément donné et *un pronom objet direct*.

> MODELE: Où jette-t-il les déchets? (à la poubelle) →
>   Il les jette à la poubelle.

1. dans le garage
2. à la poubelle
3. dans la rue
4. dans des sacs en papier
5. sur le trottoir

B.   Le recyclage. Un étudiant vous pose des questions sur le recyclage à l'université. Ecoutez ses questions et répondez-lui en utilisant un pronom objet direct ou indirect selon le cas.

> MODELE: Connaissez-vous notre programme de recyclage? (Oui, je…) →
>   Oui, je le connais.

1. Oui, je…
2. Non, je…
3. Oui, je…
4. Oui, je…
5. Oui, vous…

Les sons des mots

■■■

A.   Semi-voyelles: [j] [ɥ] [w]. Répétez.

[j]	[ɥ]	[w]
fille	polluer	droit
voyais	réduire	besoin
travail	conduire	ouest

B. **Les sons:** [ɲ] et [sjɔ̃]. Répétez.

[ɲ]	[sjɔ̃]
si**gn**e	pollu**tion**
ensei**gn**er	alloca**tion**
compa**gn**on	nous fini**ssion**s

C. Généralement, *i + ll* se prononce [j], mais il y a trois groupes d'exceptions où *ill* devient [il]: les mots dérivés de *ville, mille* et *tranquille.* Répétez.

vi**ll**e	mi**ll**e	tranqui**ll**e
vi**ll**a	mi**ll**imètre	tranqui**ll**ement
vi**ll**age	mi**ll**ion	tranqui**ll**ité

D. Ecoutez les différences et répétez les deux mots.

1. lui   Louis
2. huile   où il
3. juin   jouant
4. loi   lui
5. ciel   celle
6. gentil   gentille
7. partiel   partial
8. étudions   étudiant
9. patient   passions
10. Montaigne   montagne

E. Répétez les phrases suivantes.

1. En juillet, les étudiants et les enseignants avaient des réunions.
2. Mes compagnons et moi, nous nous ennuyions toute la nuit.
3. Nous voulions passer le mois de juin à la montagne avec Montaigne.

Reprise

▪▪

A. **Devinettes: La vie moderne.** Ecoutez les expressions suivantes avant de commencer cet exercice.

_____ la pollution   _____ les SDF

_____ le covoiturage   _____ le SMIC

_____ les produits recyclables

Maintenant, écoutez chaque description et devinez de qui ou de quoi il s'agit. (*Mettez le numéro de la description devant le terme correspondant. Les réponses se trouvent en appendice.*)

B. **Dictée: Une sortie entre amies.** Ecoutez toute la dictée une première fois sans rien écrire. Ecoutez-la une deuxième fois et remplissez les blancs.

Le samedi soir, mes amies et moi _____[1] à Detroit. D'habitude,

_____[2] au Club Omni mais ce soir-là, _____[3]

un autre club. Un groupe célèbre y _____[4] et c'_____[5] notre

groupe favori. Malheureusement, _____[6] pour entrer. Mais un

jeune homme _____[7] que nous _____[8]. Nous

_____[9] acheter le ticket parce que _____[10] le

guitariste du groupe. Quelle chance!

Maintenant, écoutez la dictée une troisième fois pour vérifier vos réponses. (*Les réponses se trouvent en appendice.*)

DEUXIEME PARTIE: EXERCICES ECRITS

Mots et expressions

Moyens de transport. Complétez les phrases de façon logique avec les verbes ci-dessous.

> aller à pied *to walk (somewhere)*
> se balader (*fam.*) *to go for a walk (drive, ride, etc.)*
> errer (au hasard) *to wander aimlessly*
> faire une promenade *to take a walk (drive, ride, etc.)*
> flâner *to stroll; to loaf*
> marcher *to walk (i.e., the physical act of walking)*
> parcourir *to go or travel through (an area)*
> se promener *to go for a walk (drive, ride, etc.)*

Quand Suzanne étudiait à Bordeaux, elle _____[1] beaucoup car elle n'avait pas de

voiture. Le matin, elle _____ toujours _____[2] a son arrêt de

bus. Après ses cours, elle aimait beaucoup _____[3] en ville. Elle

_____[4] les vieux quartiers à grands pas, elle _____[5] le long des

quais ou encore elle _____[6] au hasard à la recherche de petites boutiques. Après

le dîner, son copain et elle _____ une _____[7]. Le week-end, ils

allaient souvent _____[8] dans les environs de la ville.

Structures

L'IMPARFAIT

A. Autrefois. Christophe, un Parisien, parle de la vie à Paris d'il y a vingt ans. Mettez les verbes entre parenthèses *à l'imparfait.*

20 years ago

Il y a vingt ans, certains aspects de la vie à Paris _____[1] (*être*) différents

d'aujourd'hui. Le métro, par exemple, _____[2] (*coûter*) beaucoup moins cher: on

only

_____[3] (*ne... que payer*) trois francs pour un ticket. Mais il y *there were*

_____[4] (*avoir*) aussi quelques problèmes dans le métro. On

_____[5] (*pouvoir*) fumer dans les stations, et les gens _____[6]

(*jeter*) leurs cigarettes par terre. De plus, ça _____[7] (*sentir*) toujours mauvais.

Quand je _____[8] (*sortir*) du métro, je _____[9] (*respirer*) l'air frais

avec plaisir. Bien sûr, l'air de la ville _____[10] (*être*) un peu pollué, mais moins que

dans le métro! Heureusement, on ne fume plus dans le métro parisien.

B. Une sortie mémorable. Complétez la description de la scène suivante en mettant les verbes qui conviennent *à l'imparfait*.

avoir	être	pouvoir
briller	faire	venir
espérer	pleuvoir	vouloir

Il _____[1] beau et le soleil _____[2]. Pierre

_____[3] dix-huit ans et il _____[4] de passer son permis. Son

père lui avait dit qu'il _____[5] utiliser la voiture ce jour-là. Pierre

_____[6] bien sûr sortir avec sa petite amie. Comme il _____[7]

fier! Pierre et Sophie ont décidé d'aller se promener en montagne, mais quand ils sont arrivés, il

_____[8] déjà. Ils _____[9] faire un pique-nique, mais ils ont dû se

réfugier dans un restaurant.

C. Faire le ménage. A la fin du semestre, l'appartement de Solange et d'Anne-France était dans un état horrible. Un copain est passé les voir. Plus tard, il raconte ce qu'il a vu. Dans les phrases suivantes, choisissez le verbe logique et utilisez *l'imparfait* pour décrire la situation.

1. Je ne _____ pas croire la quantité de choses qu'il y _____

   par terre! (*avoir, pouvoir*)

2. Anne-France _____ de la chambre à la cuisine toutes les cinq minutes avec

   de vieux papiers à jeter. (*courir*)

3. Solange _____ recycler les journaux, et Anne-France _____

   de recycler les livres de Solange, qui _____ partout. (*vouloir, se trouver, menacer*)

4. Moi, je ne _____ rien pendant qu'elles _____ à propos des

   livres et journaux. Je/J' _____ simplement content de ne pas devoir partager

   mon appartement avec un autre étudiant. (*se battre, être, dire*)

D. Une autre version. Maintenant, traduisez les phrases de l'activité C (ci-dessus) en anglais. Ne les traduisez pas mot à mot, donnez plutôt une version cohérente de la situation.

_____

_____

_____

_____

_____

_____

_____

_____

L'IMPARFAIT PAR RAPPORT AU PASSE COMPOSE

A. **Un beau souvenir.** Le père de Sarah lui raconte une belle expérience de sa jeunesse. Mettez les verbes entre parenthèses *à l'imparfait* ou *au passé composé*, en faisant attention à l'accord du participe passé.

Le jour où nous _____¹ (*arriver*) en France, il _____² (*pleuvoir*) mais il ne _____³ (*faire*) pas froid. On _____⁴ (*passer* [avec *avoir*]) une semaine à Paris, on _____⁵ (*visiter*) des monuments et on _____⁶ (*manger*) dans d'excellents petits restaurants. Moi, j'_____⁷ (*avoir*) la chance d'avoir déjà un ami français. Il m'_____⁸ (*inviter*) à passer le week-end dans son château près de la Loire. Il m'_____⁹ (*amener*) chez lui en voiture. Nous _____¹⁰ (*passer* [avec *être*]) par le village pour chercher la vieille domestique qui s'_____¹¹ (*appeler*) Luce. Luce nous _____¹² (*dire*) bonjour avec un grand sourire et nous _____¹³ (*aller*) ensemble au château. Elle _____¹⁴ (*préparer*) un dîner formidable, puis elle _____¹⁵ (*monter* [avec *avoir*]) une bouteille de vin de la cave. Nous _____¹⁶ (*être*) en train de boire le vin quand Luce _____¹⁷ (*revenir*) nous montrer nos chambres. Justement, j'_____¹⁸ (*être*) déjà si fatigué…

B. **Une candidate.** Jeanne Bordes veut s'inscrire dans une université américaine. Complétez la lettre de recommandation de son professeur, en mettant les verbes entre parenthèses *à l'imparfait* ou *au passé composé*. Attention à l'accord du participe passé.

Paris, le 11 juin 2001

Monsieur,

Mademoiselle Jeanne BORDES _____¹ (*être*) une de mes étudiantes pendant deux ans. En travaux dirigés, elle _____² (*préparer*) toujours ses exposés oraux avec soin et ses camarades de cours _____³ (*apprécier*) beaucoup ses qualités intellectuelles. Quand, au mois de janvier, une de nos assistantes américaines _____⁴ (*tomber*) malade, je/j'_____⁵ (*demander*) à Mlle Bordes de la remplacer. Elle _____⁶ (*enseigner*) un cours de conversation pendant trois mois. Malgré ce travail supplémentaire, elle _____⁷ (*ne jamais négliger*) ses études. Grâce à son travail et à sa persévérance, elle _____⁸ (*se classer*) parmi mes meilleurs étudiants. J'_____⁹ (*encourager*) Mlle Bordes à continuer son travail ici, mais elle _____¹⁰ (*décider*) de partir aux Etats-Unis. Nous _____ bien _____¹¹ (*regretter*) de la voir partir mais je recommande vivement son admission dans une université américaine.

Veuillez agréer, Monsieur, l'expression de mes sentiments distingués.

M Saubey

Professeur à la Faculté des Lettres

C. Mon bac. Elisabeth nous raconte comment elle a passé ses épreuves du baccalauréat. Complétez son récit avec *le passé composé* ou *l'imparfait* du verbe entre parenthèses, selon le cas.

1. Je/J'_____ (*être*) élève au lycée Berthollet où je/j'_____ (*préparer*) un bac littéraire.

2. Le premier jour, examen de philo. Je ne/n'_____ (*aimer*) pas cette matière, alors je/j'_____ (*avoir*) très peur.

3. En effet, quand je/j'_____ (*voir*) le sujet, je/*j'me suis rendu compte* (*se rendre compte*) que je/j'_____ (*aller*) être collée (*fail*).

4. Je/J'_____ (*ne pas pouvoir*) écrire plus de 20 lignes.

5. Le lendemain, examen de latin. Le texte _____ (*être*) extrêmement difficile à traduire.

6. Là, je/j'_____ (*commencer*) vraiment à croire que tout _____ (*être*) perdu pour moi.

7. Je/J'_____ (*apprendre*) mes notes une semaine plus tard: 2 sur 20 en philo, 8 sur 20 en latin.

8. Je/J'_____ (*se mettre*) à travailler très dur: il _____ (*falloir*) que je passe les oraux réguliers, bien sûr.

9. Je/J'_____ (*finir*) par étudier 10 heures par jour jusqu'à l'oral.

10. Résultat? Je/J'_____ (*se débrouiller*) de façon exceptionnelle.

Maintenant, répondez aux questions suivantes en tenant compte de l'histoire d'Elisabeth.

Selon vous, pourquoi Elisabeth a-t-elle reçu de mauvaises notes à ses examens de philo et de latin?

_____

_____

Qu'a-t-elle fait pour réussir aux examens oraux?

_____

LES PRONOMS OBJETS DIRECTS ET INDIRECTS

A. A la mairie. Dominique et ses collègues travaillent à la Mairie de Paris. Ils s'occupent de différents aspects de la vie de leur quartier. Transformez les phrases suivantes en substituant *le pronom objet direct* ou *indirect* qui s'impose aux mots en italique. Attention! Il y a parfois deux pronoms objets.

1. Elise inspecte *les crèches du quartier.*

_____

2. Dominique donne *les procès verbaux* (tickets) *aux gens avec des chiens bruyants.*

_____

Regardez ces documents et dites à quelle phrase de l'activité **A** (pages 63–65) ils correspondent.

sort

comme il faut

B

C

child care

A

D

3. Jean donne des conseils (*advice*) *aux jeunes mariés.*

_____

4. Anne a écrit *le guide pratique du recyclage.*

_____

5. Hélène organise *les concerts sponsorisés par la ville.*

_____

6. Les randonnées en vélo organisées par la mairie font plaisir *aux habitants.*

_____

7. Juliette a suggéré *au maire* (*mayor*) de développer *les jardins d'enfants.*

_____

8. Luc ne veut pas interdire *aux animaux l'accès au parc.*

_____

9. Nous avons demandé *au maire* de préparer *le discours du 14 juillet.*

_____

10. Il va parler à *tous les habitants du quartier.*

_____

B. Trop tard! Ce soir, Françoise est rentrée en retard. Quand elle propose de faire quelque chose, Marc lui dit qu'il l'a déjà fait. Ecrivez les réponses de Marc en remplaçant les noms en italique par *un pronom.* Attention à l'accord du participe passé.

> MODELE: FRANÇOISE: Je vais trier (*to sort*) *les journaux à recycler.*
> MARC: Je **les** ai déjà **triés.**

1. Je vais ranger *la chambre.*

_____

2. Je vais téléphoner *à la vieille dame qui habite en face.*

_____

3. Je vais aider *les enfants* avec leurs devoirs.

_____

4. Je vais promener *les chiens.*

_____

5. Je vais inviter *les voisines* pour samedi soir.

_____

6. Je vais donner ce livre *à Sylvie.*

_____

Reprise

A. Une conversation miraculeuse. Vous interviewez un ancêtre qui vivait en Europe en 1870, mais qui est revenu faire la connaissance de notre époque. En faisant des phrases complètes, répondez logiquement aux questions pour votre arrière-grand-père.

1. Voyagiez-vous en métro?

   _____

2. Faisiez-vous du recyclage?

   _____

3. Aviez-vous une automobile?

   _____

4. Possédiez-vous un ordinateur?

   _____

5. Vous intéressiez-vous à la musique rock?

   _____

B. Contrastes. Il y a deux ans, M. Michel Châtelard, instituteur, a fait un stage dans une école primaire américaine. Il raconte ses souvenirs à ses élèves français. Complétez les phrases en utilisant *le passé composé* ou *l'imparfait* du verbe entre parenthèses, selon le cas.

1. Quand je/j'_____ (*arriver*) à Centennial Grade School, les élèves

   me/m'_____ (*accueillir*) très chaleureusement.

2. Tous les matins, ils me/m'_____ (*attendre*) devant la salle de classe et

   me/m'_____ (*poser*) des questions sur la France.

3. Ils _____ (*vouloir*) savoir si les jeunes Français _____ (*aller*)

   voir des matchs de base-ball le week-end et s'ils _____ (*se réunir*) après les

   cours pour aller jouer avec des copains.

4. Je leur _____ (*dire*) qu'en France, la vie sociale _____ (*être*)

   moins importante qu'aux Etats-Unis et que les petits Français _____ (*devoir*)

   travailler beaucoup tous les soirs.

5. Je/J'_____ (*essayer*) de leur parler des examens français quand un petit

   garçon de 10 ans _____ (*demander*): «Parlez-nous des pâtisseries françaises!

   Mon grand frère _____ (*visiter*) l'Europe trois fois et il

   me/m'_____ (*dire*) qu'elles _____ (*être*) super.»

6. Moi, qui suis assez corpulent, je/j'_____ (*ne pas savoir*) quoi au juste lui

   répondre… Alors, ils _____ (*se mettre*) à rire parce que

   je/j'_____ (*avoir*) l'air très embarrassé!

C. L'individu et la société. Répondez affirmativement ou négativement aux questions en remplaçant les mots en italique par *des pronoms.*

>MODELE: Parlez-vous *aux gens* que vous ne connaissez pas?
>
>Oui, je leur parle. *ou* Non, je ne leur parle pas.

1. Recyclez-vous *les journaux?*

    _____

2. Avez-vous pris *le bus* la semaine dernière?

    _____

3. Donnez-vous parfois de l'argent *aux SDF?*

    _____

4. La mairie de votre ville écoute-t-elle *les opinions des jeunes?*

    _____

5. Parlez-vous *à vos amis* de l'environnement?

    _____

6. Avez-vous envie de connaître *les nouveaux résidents* de votre quartier?

    _____

7. Les personnes âgées de votre ville ont-elles *la possibilité de rencontrer des jeunes?*

    _____

Pour écrire en français

▪▪

Supporting an Argument

>*Les mots sont des nains (dwarfs), les exemples des géants.*   —*proverbe suisse*

We often write to demonstrate why we believe our opinions are correct. One way to convince readers of our arguments is to support them with facts. Another good way to develop convincing arguments is through the use of examples. Examples, carefully selected and presented, can be a very persuasive tool that shows the validity of the position you have taken.

Activités

A. Choisissez un sujet de rédaction présenté dans *Lectures littéraires, Variétés culturelles* ou dans ce cahier-ci.

Sujet possible: L'amélioration ou la détérioration de l'environnement dans les cinq dernières années

B. Ecrivez la thèse de votre rédaction.

_____

C. Ecrivez trois arguments qui soutiennent cette thèse.

ARGUMENT 1: _____

ARGUMENT 2: _____

ARGUMENT 3: _____

D. Faites une liste d'exemples pour développer ces arguments.

ARGUMENT:

Les gens ne font pas suffisamment attention à l'environnement.

EXEMPLES:

Mes amis boivent beaucoup de coca et ils ne recyclent jamais leurs canettes (_cans_).

Ma camarade de chambre prend une longue douche très chaude chaque jour.

Les étudiants de cette université n'aiment pas faire du covoiturage pour venir au campus.

MES ARGUMENTS:

_____

_____

_____

_____

_____

_____

MES EXEMPLES:

_____

_____

_____

_____

_____

_____

E. Sur une autre feuille, écrivez une rédaction sur ce sujet.

A TABLE

CHAPITRE **5**

PREMIERE PARTIE: EXERCICES ORAUX

A l'écoute

Identifying Main Ideas

The first time you hear a passage, your aim should be to listen for the main ideas, not to recognize every word you hear. Often, understanding only a few words in a sentence is enough to get the gist of what's being said, especially if you are aware of the context. If you hear "**Saumon fumé avec toasts**" in a restaurant, for example, you can guess that someone's placing an order. If you hear those same words in a supermarket, perhaps two people are discussing a recipe. When you listen to the conversation a second time, you can try to catch some of the details that will enrich your understanding. If you accept that your first goal is to understand ideas and not individual words, you'll find that listening is more pleasurable, and you'll become a better listener in the long run.

Au restaurant. Voici trois bribes (*bits*) de conversation que vous entendez au restaurant. Qui parle dans la colonne de gauche? Trouvez la réponse parmi les options proposées dans la colonne de droite (*Les réponses se trouvent en appendice.*)

1. _____   a. Le serveur (La serveuse) propose des plats de viande aux clients.

2. _____   b. Un(e) client(e) offre à boire ou à manger à son ami(e).

3. _____   c. Un(e) client(e) parle au serveur (à la serveuse) avant de commander.

Le serveur d'un restaurant prend la réservation d'un homme par téléphone, non sans difficultés. Ensuite, l'homme qui avait réservé en parle avec sa femme. Encore des petits problèmes… Ecoutez les conversations une ou deux fois. Puis, arrêtez la bande et décidez si les phrases qui suivent sont *vraies* (V) ou *fausses* (F). (*Les réponses se trouvent en appendice.*)

1. Le restaurant s'appelle La Tour Rose.   V   F

2. Le serveur comprend bien les détails de la réservation.   V   F

3. Le client désire réserver une table pour huit à neuf heures.   V   F

4. Le client s'appelle M. Damart.   V   F

5. La femme du client est contente de sa réservation.   V   F

6. Carole et Gérard vont venir au restaurant.   V   F

7. Le client rappelle le restaurant pour changer la réservation.   V   F

Mots et expressions

▪▪▪

Antonymes. D'abord, arrêtez la bande pour regarder les expressions suggérées. Puis, écoutez les expressions prononcées et trouvez leur contraire dans cette liste. (*Vous n'allez pas utiliser toutes les expressions données.*)

        amer/amère   prendre du poids
        bon marché   sain(e)
        frit(e)   végétarien(ne)
        goûter

        1. …   2. …   3. …   4. …   5. …

Structures

▪▪

L'ARTICLE PARTITIF; L'OMISSION DE L'ARTICLE

A. Identifications. D'abord, arrêtez la bande brièvement pour regarder les noms des plats français, puis, écoutez les listes d'ingrédients et dites à quel plat ils correspondent.

> Le gratin[a] de l'Aubrac
> Le fondant au fromage[b]
> Le couscous minute
> La brochette de fruits au beurre

> MODELE: Un kilo de pommes de terre, 300 grammes de porc fumé, 250 grammes de fromage, du beurre →
> C'est le gratin de l'Aubrac.

   1. …   2. …   3. …

[a]**gratin:** *a vegetable dish baked with cheese topping*

[b]**fondant:** *a small cheese appetizer, served hot*

B. Ingrédients. Savez-vous faire la cuisine? Ecoutez les questions suivantes. Dites quel ingrédient est nécessaire et lequel n'est pas nécessaire pour préparer les plats qu'on va nommer. Suivez le modèle.

> MODELE: Pour préparer des escargots, faut-il de la mayonnaise ou du beurre? →
> Il ne faut pas de mayonnaise, mais il faut du beurre.

   1. …   2. …   3. …   4. …

LES PRONOMS ADVERBIAUX *Y* ET *EN*

A. Intérêts et destinations. Ecoutez les phrases suivantes et remplacez les noms par *y* selon le modèle.

> MODELE: Elle va au bar. → Elle y va.

   1. …   2. …   3. …   4. …   5. …   6. …

B. Au café-restaurant. Ecoutez les phrases suivantes et remplacez les noms par *en* selon le modèle.

> MODELE: Martine boit souvent du jus d'orange. → Martine en boit souvent.

   1. …   2. …   3. …   4. …   5. …

LE PLUS-QUE-PARFAIT

A. Transformations. Ecoutez les phrases suivantes et mettez les verbes *au plus-que-parfait*.

> MODELE: Nous avons fait du sport. → Nous avions fait du sport.

   1. …   2. …   3. …   4. …   5. …   6. …   7. …

B. Avant le cours de français. Il s'était déjà passé beaucoup de choses avant le commencement de votre cours de français aujourd'hui. Ecoutez les éléments suivants et mettez les verbes *au plus-que-parfait*.

> MODELE: Gilles: prendre un café → Gilles avait pris un café.

   1. …   2. …   3. …   4. …   5. …

LES PRONOMS DEMONSTRATIFS INVARIABLES

Réactions. D'abord, arrêtez la bande pour lire les expressions ci-dessous. Puis, écoutez les remarques suivantes et réagissez-y de façon logique en utilisant l'une des expressions suggérées, selon le modèle. (*La réponse donnée est une réponse suggérée.*)

bon marché   formidable
bon pour la santé   inimaginable
dommage   original

MODELE: Je mange très peu de viande. → C'est bon pour la santé!

1. …   2. …   3. …   4. …   5. …

Les sons des mots

■■■

A.   Les voyelles nasales: [ɑ̃] [ɔ̃] [ɛ̃] [œ̃]. Répétez.

[ɑ̃]	[ɔ̃]	[ɛ̃]	[œ̃]
tranche	addition	vin	un
aliment	boisson	sain	brun
ambiance	provisions	bien	parfum

B.   Deux consonnes: [ʃ] [ʒ]. Répétez.

[ʃ]	[ʒ]
chef	végétarien
acheter	gigot
sandwich	fromage

C.   En général, *il n'y a pas de liaison* avec les voyelles nasales. Répétez.

bon / ou mauvais   une maison / immense
le mien / est bon   un plan / à faire
Jean / espère   brun / et gris

Mais *la liaison* est obligatoire après: *mon, ton, son, on, en, un, bien, rien*. Répétez.

mon assiette   ton accident   son enfant   rien à faire

on en a   un an   bien aimé

D.   Ecoutez les différences et répétez.

1.	bon	bonne	6. raisin	raison
2.	dans	dont	7. un	hein?
3.	sans	sain	8. italien	italienne
4.	commun	comment	9. marchand	marchons
5.	J'en ai là.	Jean est là.	10. Provence	province

E. Entraînement auditif. Entourez d'un cercle les phrases que vous entendrez deux fois. (*Les réponses se trouvent en appendice.*)

      MODÈLE: Où est le savon?   (Où est le savant?)

1.   J'aimais le vin.   J'aimais le vent.

2.   Il passe le pain.   Il passe le pont.

3.   Nous apprenons.   Nous en prenons.

4.   Elle en commande.   Hélène en commande.

5.   Je le regardais.   Je les gardais.

6.   Il l'a pris.   Il l'a appris.

7.   l'on dit   lundi

8.   Nous achetons du fromage.   Nous achetons des fromages.

Reprise

A. Devinettes: De quoi ou de qui s'agit-il? D'abord, écoutez la liste d'expressions suivante.

_____ l'addition   _____ le serveur

_____ au four   _____ du café

_____ la sommelière   _____ des boissons

Maintenant, vous allez entendre des descriptions d'une personne ou d'un objet. Identifiez la personne ou l'objet présenté. (*Mettez le numéro de la description devant le nom correspondant. Les réponses se trouvent en appendice.*)

B. Dictée: Une bonne recette. Ecoutez toute la dictée une première fois sans rien écrire. Ecoutez-la une deuxième fois et remplissez les blancs.

L'omelette _____[1] fromage: Vous cassez _____[2] demi-douzaine _____[3]. Ensuite, il faut ajouter _____[4] sel et _____[5]. Vous battez _____[6] le mélange. Puis vous mettez _____[7] beurre dans _____[8] bol. Vous _____[9] faites fondre (*to melt*) _____[10]. Mettez _____[11] fondu _____[12] poêle à frire (*frying pan*). Puis vous ajoutez _____[13]. Vous _____[14] laissez cuire environ _____[15]. Ensuite, vous _____[16] râpé (*grated*) _____[17]. Vous _____[18] pliez en deux avant de _____[19].

Maintenant, écoutez la dictée une troisième fois pour vérifier vos réponses. (*Les réponses se trouvent en appendice.*)

DEUXIEME PARTIE: EXERCICES ECRITS

Mots et expressions

Le pain quotidien. Complétez les phrases de façon logique avec le présent des verbes ci-dessous.

> employer (quelque chose) *to use* (*something*)
> être usé(e) *to be worn out*
> servir *to serve*
> servir (à + *inf.*) *to be useful for*
> se servir de (quelque chose) *to use* (*something*)
> utiliser (quelque chose) *to use* (*something*)

En France, quand on _____1 le pain, on ne se _____2 pas toujours

d'une assiette. On met le pain sur la table, et on le rompt avec les mains—on

n'_____3 pas de couteau pour le couper. Après le dîner, on _____4

un ramasse-miettes (*crumb tray*). A quoi _____5 le ramasse-miettes? Ça

_____6 à ramasser les miettes de pain qui sont tombées sur la nappe pendant le

dîner. Et si le ramasse-miettes _____ trop _____7, eh bien, il faut en acheter un autre!

Structures

L'ARTICLE PARTITIF; L'OMISSION DE L'ARTICLE

A. A Québec. Jacques et Anne veulent sortir au restaurant ce soir, mais ils sont fatigués et ils ne peuvent pas se mettre d'accord. Ajoutez les articles (*partitifs, définis* ou *indéfinis*) qui s'imposent, si nécessaire.

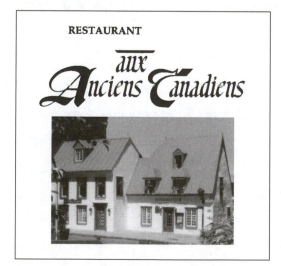

ANNE: On peut sortir ce soir? J'ai entendu dire qu'il y a _____¹ bon accordéoniste au restaurant «Au Parmesan». J'aime beaucoup _____² soupe à l'oignon que leur chef prépare.

JACQUES: Quelle coïncidence! Aujourd'hui à midi j'ai mangé _____³ soupe dans ce restaurant. En général, j'adore _____⁴ cuisine italienne, leur spécialité, mais pour ce soir, je préfère _____⁵ restaurant «Aux Anciens Canadiens». On peut y manger _____⁶ poisson fumé, et _____⁷ tarte aux pommes.

ANNE: Mais «Au Parmesan» sert aussi _____⁸ desserts magnifiques, et…

JACQUES: Ah là là. Nous n'avons pas beaucoup _____⁹ chance. Dans le frigo, il y a seulement _____¹⁰ pain, _____¹¹ lait et _____¹² œufs.

ANNE: Berk (*Yuck*)! Ce sont _____¹³ ingrédients pour _____¹⁴ pain perdu (*French toast*). Et je n'aime pas du tout _____¹⁵ pain perdu.

JACQUES: Alors, c'est d'accord pour «Aux Anciens Canadiens»?

ANNE: Bon, cette fois, si tu veux.

B. Installation. Josette, Claire et Nathalie viennent de s'installer dans un nouvel appartement. Elles doivent maintenant équiper la cuisine en ustensiles et en nourriture. Aidez-les en ajoutant les articles (*partitifs, indéfinis* ou *définis*) qui s'imposent, si nécessaire.

JOSETTE: Moi, j'ai _____¹ casseroles et _____² poêle à frire (*frying pan*) mais c'est tout! Je n'ai pas _____³ assiettes, ni même _____⁴ verres. J'espère que vous êtes mieux équipées que moi.

CLAIRE: Eh bien, ma pauvre, tu manges toujours dans _____⁵ assiettes en carton? Ne t'inquiète pas, j'ai tout ce qu'il faut dans ce domaine, mais il faudra acheter beaucoup _____⁶ fourchettes et _____⁷ couteaux pour tous nos invités.

NATHALIE: Ah oui? Parce que vous comptez inviter souvent? Qui a _____⁸ temps de faire _____⁹ cuisine?

CLAIRE: Mais à trois c'est facile! Nous pouvons servir des plats simples: _____¹⁰ pâtes (*pasta*), _____¹¹ légumes frais, un peu _____¹² viande rôtie, _____¹³ salade et _____¹⁴ fromage. Et nous servirons _____¹⁵ limonade. Tout le monde aime _____¹⁶ limonade et ce n'est pas cher.

JOSETTE: Moi, je n'aime pas _____¹⁷ limonade.

CLAIRE: Alors, pour toi on achètera _____¹⁸ Coca-Cola.

JOSETTE: Quelle horreur!

NATHALIE: J'espère que l'une d'entre vous possède un four à micro-ondes. La plupart _____¹⁹ plats surgelés (*frozen*) se réchauffent rapidement au four à micro-ondes, sans parler des restes (*leftovers*). A mon avis, c'est indispensable.

JOSETTE: Avons-nous besoin _____[20] autre chose?

CLAIRE: Mais oui. Nous n'avons rien à manger. Il faut faire une liste _____[21] ingrédients de base et aller au supermarché.

Maintenant, pensez à tous les ingrédients qu'il faut pour préparer le repas suggéré par Claire et faites la liste pour les trois étudiantes.

Il faut acheter: _de la laitue_   _____

de la sauce vinaigrette   _____

_____   _____

_____   _____

_____   _____

LES PRONOMS ADVERBIAUX *Y* ET *EN*

A. Echos. Thomson et Thompson fréquentent un café-restaurant en ville. Thompson a l'habitude de répéter tout ce que dit Thomson, seulement il remplace certains éléments de la phrase par des pronoms adverbiaux (*y* et *en*). Complétez leurs propos.

MODELE: THOMSON: Je préfère être *près de la fenêtre*. →
THOMPSON: Oui, moi aussi, je préfère y être.

THOMSON: Monsieur, nous avons besoin *d'un menu*.

THOMPSON: Oui, _____[1].

THOMSON: Moi, je prends *une omelette* pour commencer.

THOMPSON: Oui, _____[2] aussi.

THOMSON: Regardez, mon cher Thompson, il y a plusieurs *spécialités* aujourd'hui.

THOMPSON: Oui, c'est vrai, _____[3].

THOMSON: Monsieur, pourrions-nous avoir plus *de pain,* s'il vous plaît?

THOMPSON: Oui, _____[4]?

THOMSON: Ah, il fait frais. Je ne m'habitue pas *à ces courants d'air*.

THOMPSON: Moi non plus, _____[5].

THOMSON: Et voilà le serveur qui est revenu *de la cuisine*.

THOMPSON: Oui, le serveur _____[6].

THOMSON: Il est gentil, ce serveur. Nous allons laisser *un pourboire*.

THOMPSON: Oui, vous avez raison. _____[7].

THOMSON: Et maintenant, il faut retourner *au bureau*.

THOMPSON: Eh oui, _____[8].

THOMSON: J'ai très bien mangé *dans ce restaurant*.

THOMPSON: Moi aussi, _____[9].

B. Une soirée mémorable. Transformez les phrases en remplaçant les mots en italique par le pronom qui s'impose (*le, la, les, lui, leur, y, en*).

1. Avec des amis, nous avons décidé d'aller *au restaurant Terminus Nord.*

   _____

2. Le restaurant se trouve *en face de la gare du Nord.*

   _____

3. On mange souvent *des huîtres* dans ce restaurant.

   _____

4. Le serveur nous a offert *l'apéritif (m.).*

   _____

5. Ensuite, il nous a proposé *la carte des vins.*

   _____

6. Nous avons demandé *au serveur* de nous apporter *une bonne bouteille.*

   _____

7. Après un excellent repas, mon ami m'a suggéré *la crème brûlée.*

   _____

8. J'ai pris *une crème brûlée,* et elle était excellente.

   _____

insolite, vous attend pour des repas plus conviviaux.

UN ACCUEIL SOURIANT,
UN SERVICE ATTENTIONNÉ.

*L*e TERMINUS NORD vous offre une ambiance chaleureuse et conviviale ainsi qu'un service prévenant. Vous serez toujours accueilli avec le sourire. Pour que votre repas soit des plus agréables, vous bénéficierez également de la climatisation.

LE PLUS-QUE-PARFAIT

A. Découverte de la cuisine. Martin Ducasse n'a pas toujours été un grand chef de cuisine. Voici les circonstances qui lui ont permis de découvrir ses vrais talents. Mettez les verbes en italique *au plus-que-parfait.*

1. Pauvre Martin. Comme il _____ (*ne... jamais aller*) dans un grand restaurant,

   il ne connaissait pas la haute cuisine.

2. A l'âge de 18 ans, il _____ (*se décider à*) aller à l'université, et il pensait qu'être professeur d'anglais allait lui plaire.

3. Mais un matin, il s'est rendu compte qu'il n'était pas heureux. Il _____ (*passer*) toute la soirée précédente à corriger des copies.

4. Il était stressé, alors il a décidé de dépenser l'argent qu'il _____ (*mettre*) de côté à La Tour Rose.

5. Des amis lui _____ (*parler*) de ce restaurant extraordinaire.

6. Après un dîner fabuleux, il a demandé au chef comment il _____ (*devenir*) cuisinier.

7. Le chef lui a donné le nom de l'école où, lui, il _____ (*apprendre*) à faire la cuisine.

8. Martin a quitté son travail, s'est inscrit à l'école, et hier, à la radio, il a expliqué comment cette expérience _____ (*changer*) sa vie.

B. Qu'est-ce qu'on mange? La cuisine est toujours en train de changer. Mettez les verbes *au passé composé, à l'imparfait* ou *au plus-que-parfait*.

a. La cuisine française _____[1] (*évoluer*) pendant les années 1970. Avant, les chefs _____[2] (*utiliser*) beaucoup de sauces et les repas _____[3] (*être*) très riches. Mais au début des années 70, certains chefs _____[4] (*décider*) qu'ils _____[5] (*pouvoir*) vraiment changer la haute cuisine. La Nouvelle Cuisine, plus légère, _____[6] (*naître*).

b. Quand les Français _____[1] (*arriver*) en Amérique du Nord au XVIIe siècle, la tradition culinaire de l'ouest de la France _____[2] (*venir*) avec eux. Comme ils _____[3] (*apporter*) leurs livres de cuisine sur les bateaux, ils _____[4] (*penser*) sûrement faire la cuisine comme en France. Mais, évidemment, ils _____[5] (*découvrir*) que certains aliments qu'ils _____[6] (*trouver*) facilement en France _____[7] (*ne... pas exister*) dans leur nouveau pays. Par conséquent, ils _____[8] (*modifier*) les recettes traditionnelles et ils _____[9] (*utiliser*) les richesses de leur nouveau pays, comme le caribou, le sirop d'érable et les oies blanches.

Et vous, est-ce que vous mangez la même chose aujourd'hui qu'il y a 10 ans? Expliquez ce que

vous mangiez avant et ce que vous mangez maintenant.

_____

_____

_____

_____

LES PRONOMS DEMONSTRATIFS INVARIABLES

Manger dans le train. Complétez les phrases avec un pronom démonstratif invariable (*ce, c', ça, ceci, cela*).

[a]*approx. 15 euros*

_____[1] est l'histoire d'une femme qui aime voyager tranquillement. Quand Danielle voyage en

train, elle aime bien prendre le menu «Buffet». _____[2] est facile d'aller au bar du train, et

_____[3] lui plaît de manger avec d'autres passagers. De plus, _____[4] n'est pas trop cher, et

_____[5] sont d'autres qui font le travail. Pour Danielle, _____[6] ne vaut pas la peine de

préparer un sandwich pour le voyage. Le restaurant, _____[7] est quand même plus agréable!

Reprise

A. Gaston et Howard. En général, les Français et les Américains mangent différemment. Comparez Gaston et Howard (pages 80–81) en ajoutant *les articles* si nécessaire.

Gaston

Howard

1. Gaston prend _____ œufs en entrée.

2. Tous _____ plats de Howard arrivent en même temps.

3. Gaston boit _____ vin rouge et il mange _____ escargots.

4. Howard a commandé _____ eau et _____ thé glacé avec son bifteck.

5. _____ plat principal de Gaston est très bon.

6. Howard mange _____ petits pois avec _____ beurre.

7. _____ vin rouge n'est pas super avec _____ salade.

8. _____ repas est-il déjà fini?

9. Pour terminer, Gaston prend _____ fromage. Il le mange avec _____ pain, bien sûr. Malheureusement, il n'a plus _____ vin.

10. Howard, lui, commande _____ tarte aux pommes et _____ café!

B. Questions culinaires. Répondez affirmativement ou négativement aux questions en remplaçant les mots en italique par des pronoms (*lui, leur, y, en*).

MODELE: Suis-tu *un régime*? —Oui, j'en suis un. *ou* Non, je n'en suis pas.

1. Y a-t-il *de l'eau minérale* dans votre frigidaire en ce moment?

_____

2. Avez-vous besoin *d'aller au supermarché*?

_____

3. Vous intéressez-vous *à la cuisine française*?

_____

4. Allez-vous demander *à votre meilleur ami (meilleure amie)* de dîner avec vous cette semaine?

_____

5. Est-ce que la cuisine française fait plaisir *à vos parents*?

_____

6. Est-ce que vous avez pris *un café* la dernière fois que vous êtes allé(e) *au restaurant*?

_____

7. Avez-vous acheté *de la viande* récemment?

_____

8. Avez-vous acheté *des livres de cuisine* en France?

_____

9. Avez-vous besoin *de sel* pour faire vos recettes?

_____

C. On fait une tarte aux pommes? Quelle coopération! Martine et sa famille travaillent bien ensemble. Tout ce qu'on veut faire, quelqu'un l'a déjà fait! Mettez les verbes entre parenthèses au plus-que-parfait et utilisez un pronom (*le, la, les, y, en*) et *déjà*. Attention aux accords du participe passé.

MODELE: Ma mère voulait choisir *la recette*, mais je *l'avais déjà choisie.* (choisir)

1. Je voulais aller *au marché*, mais ma mère _____. (*aller*)

2. Je voulais acheter *des pommes*, mais ma mère _____. (*acheter*)

3. Ma mère voulait préparer *la pâte* (*crust*), mais je _____. (*préparer*)

4. Mon frère voulait mettre *du sucre*, mais je _____. (*mettre*)

5. Je voulais découper *les pommes*, mais ma mère et mon frère _____. (*découper*)

6. Je voulais *mettre la tarte au four*, mais mon frère _____. (*faire*).

7. Ma mère voulait nettoyer *la cuisine*, mais je _____. (*nettoyer*)

8. Mon père voulait finir *la tarte*, mais nous _____! (*finir*)

D.   Au marché. M. Mécontent est très difficile à satisfaire. Complétez les phrases avec un pronom démonstratif invariable (*ce, c', ça*).

M. MECONTENT: _____¹ est incroyable! Vous n'avez pas de fraises? Est-ce que _____² sont les autres marchands qui en vendent?

LE MARCHAND: Monsieur, _____³ est le meilleur magasin de la ville, et _____⁴ ne me plaît pas d'entendre des critiques! _____⁵ est le mois de janvier. Comment voulez-vous trouver des fraises?

M. MECONTENT: Le mois de janvier? _____⁶ m'est égal. Je veux des fraises et _____⁷ est tout. Est-ce que vous trouvez _____⁸ difficile à comprendre?

LE MARCHAND: Ecoutez, _____⁹ sont les clients comme vous qui rendent mon travail difficile! Prenez des fraises surgelées au supermarché comme tout le monde!

Pour écrire en français

▪▪▪

Peer Editing

> *I can't write five words, but I can change it.*   —Dorothy Parker

Working with a classmate to improve your writing can be fun as well as instructive. In peer editing **(un travail de partenaires),** classmates read your first draft **(le brouillon)** and let you know what aspects of your writing they like best and what aspects they would like to know more about, as well as what could be clearer. You will, of course, do the same for them.

Activités

A. Choisissez un sujet de rédaction présenté dans *Lectures littéraires, Variétés culturelles* ou dans ce cahier-ci.

Sujet possible: L'importance de bien manger

B. Ecrivez la thèse de votre rédaction.

_____

C. Faites un brouillon. Développez trois arguments qui soutiennent votre thèse. Si vous soutenez vos arguments en donnant des exemples tirés de votre expérience personnelle, n'oubliez pas d'utiliser le passé composé et le plus-que-parfait pour les actions précises terminées dans le passé et l'imparfait pour les actions habituelles et les descriptions physiques et psychologiques.

D. Faites un travail de partenaires:

1. Identifiez la thèse de la rédaction.
2. Mentionnez une chose que vous appréciez dans le travail de votre partenaire (le vocabulaire est riche, approprié / il y a une grande variété de verbes / la première phrase m'a donné envie de lire la suite / etc.).
3. Faites-lui une ou plusieurs suggestion(s).

Villes, villages et provinces

CHAPITRE 6

PREMIÈRE PARTIE: EXERCICES ORAUX

A l'écoute

Guessing Answers from Context

Some conversations follow a question-and-answer format. It's often easier to understand the questions, because they are shorter and more predictable in context. Even when you don't understand every word of the answer, you may get the gist of what's being said by intelligent guessing. For example, is the answer *yes* or *no*? Was a number mentioned? Does the answer refer to a price? a time of day? an address? Does it refer to the past? the present? the future? Be an active listener. Make educated guesses as often as you can, based on context and words you understand. If you practice guessing, you'll become better at it; you'll also understand more.

Voyager. Vous ne comprenez pas parfaitement les conversations que vous entendez. Ecoutez chaque dialogue une ou deux fois, puis répondez aux questions en entourant *a, b* ou *c*. (*Les réponses se trouvent en appendice.*)

1. Est-ce que la réponse est…
    a. à l'affirmatif?   b. au négatif?

2. Est-ce que dans cette conversation on parle…
    a. du passé?   b. du présent?   c. de l'avenir (= du futur)?

3. Besançon est…
    a. un hôtel.   b. une gare.   c. une ville.

Quand on voyage en train, on entend toujours beaucoup d'informations transmises par les haut-parleurs (*loud-speakers*). Et parfois on entend des conversations entre le contrôleur (*conductor*) et les usagers (*passengers*). Maintenant, regardez les dessins et écoutez les annonces et la conversation une ou deux fois. Puis, arrêtez la bande pour répondre aux questions qui suivent. Entourez la lettre correspondant à la réponse correcte. (*Les réponses se trouvent en appendice.*)

1. Ce train va…
   a. à Nice.   b. à Lyon.   c. à Paris.   d. à Londres.

2. Le numéro de ce train est le…
   a. 906.   b. 603.   c. 609.   d. 509.

3. Combien de gares est-ce que ce train desservira?
   a. 1   b. 2   c. 3   d. 4

4. A quelle heure est-ce que ce train doit arriver à son terminus?
   a. 13 h 50   b. 14 h 15   c. 13 h 15   d. 15 h 50

5. Que peut-on manger dans ce train?
   a. Rien   b. Des sandwichs et   c. Des repas chauds   d. Des croissants
                      des salades

6. Pourquoi la jeune fille doit-elle payer un complément de 10 euros?
   a. Elle a été impolie avec le contrôleur.
   b. Elle n'a pas son billet.
   c. Elle n'a pas composté (*stamped*) son billet.
   d. Elle n'a pas sa carte de réduction.

7. Quel type de paiement le contrôleur n'accepte-t-il pas?
   a. Les chèques   b. Les espèces   c. La Carte Visa

Mots et expressions

▪▪

Familles de mots. D'abord, arrêtez la bande pour lire la liste de verbes suivante. Puis, écoutez les expressions prononcées et trouvez dans la liste le verbe qui fait partie de la même famille.

conduire   se renseigner
garer   rouler
ralentir   voyager

MODELE: le conducteur → conduire

1. …   2. …   3. …   4. …   5. …

Structures

▪▪

L'IMPERATIF

A.   Horoscope. Que vous disent les astres? Ecoutez les expressions verbales et mettez-les à l'impératif selon les modèles. Mettez quelques conseils à la forme négative si vous voulez. (*La réponse donnée est une réponse suggérée.*)

MODELES: s'exprimer clairement → Exprimez-vous clairement!

prendre des risques → Ne prenez pas de risques!

1.   garder votre calme   5.   s'inquiéter
2.   faire un peu de relaxation   6.   se coucher tard
3.   être plus naturel(le)   7.   s'amuser plus
4.   satisfaire votre curiosité

B.   Qu'est-ce qu'il faut faire? D'abord, arrêtez la bande pour regarder les dessins et pour lire les expressions ci-dessous (pages 87–88). Puis, réagissez à ce que l'on vous annonce. Mettez le verbe de l'expression appropriée *à l'impératif.*

appeler la station-service   faire le plein
s'arrêter   prendre la rue Broadway jusqu'au bout
ne pas doubler ici   ralentir

MODELE: La voiture de tes amis n'a plus d'essence. → Faites le plein!

1. _____

2.

3.

4.

5.

LE FUTUR SIMPLE

A. La boule de cristal. Vous consultez une voyante (*fortune-teller*) qui ne parle pas très bien français. Ecoutez ses prédictions et réagissez-y en mettant les infinitifs *au futur.* Suivez le modèle.

> MODELE: LA VOYANTE: Partir en voyage. →
> VOUS: Je partirai en voyage?

1. …   2. …   3. …   4. …   5. …   6. …

B. Cet été. Que feront ces gens cet été? Ecoutez les phrases suivantes et mettez tous les verbes *au futur simple.*

> MODELE: Claire prend des vacances. → Claire prendra des vacances.

1. …   2. …   3. …   4. …   5. …   6. …   7. …

LE CONDITIONNEL PRESENT

Vacances. D'abord, arrêtez la bande pour regarder les images et les expressions qui les accompagnent (pages 89–90). Ensuite, écoutez les questions posées et répondez en disant comment les gens mentionnés passeraient leurs vacances s'ils le pouvaient. Mettez tous les verbes *au conditionnel.*

MODELE: s'amuser en montant en ballon (un pilote d'essai?) →
          Il s'amuserait en montant en ballon.

1.   se promener dans les Alpes

2.   visiter des îles francophones

3.   se détendre sur les plages de Tahiti

4.   découvrir l'Amérique profonde au Nouveau-Mexique

5. faire une randonnée en vélo au Canada

Les sons des mots: Révision

A. Une sortie. Répétez chaque ligne du dialogue suivant. Vous réviserez tous les sons et toutes les caractéristiques du français.

JEANNE: Salut, Pierre! Où vas-tu?

PIERRE: Je vais au Café de Bourgogne chercher un ami.

JEANNE: Je peux venir avec toi?

PIERRE: Certainement, Jeanne. J'ai l'intention d'y rester quelques heures.

JEANNE: Bien! Je suis d'humeur à faire la fête ce soir.

B. Entraînement auditif. Entourez d'un cercle les expressions que vous entendrez deux fois. (*Les réponses se trouvent en appendice.*)

MODELE: en panne   un pont

1. la roue   la rue
2. je préférais   je préférerais
3. le vol   le voile
4. vous viendrez   vous viendriez
5. du blé   doubler

6. Attendez!   Entendez!
7. nous mettons   nous mettrons
8. Donne-le-lui!   Donne-les-lui!
9. le piéton   la piétonne
10. je descendais   je descendrais

Reprise

██

A. Devinettes: Partir en voyage. D'abord, écoutez la liste d'expressions suivante.

____ l'autoroute   ____ la carte routière

____ l'essence   ____ le passeport

____ le permis de conduire

Maintenant, vous allez entendre des descriptions d'un endroit ou d'un objet. Identifiez l'endroit ou l'objet présenté. (*Mettez le numéro de la description devant le nom correspondant. Les réponses se trouvent en appendice.*)

B. Dictée: A l'agence de voyages. Ecoutez toute la dictée une première fois sans rien écrire. Ecoutez-la une deuxième fois et remplissez les blancs.

L'AGENT: Alors, chère madame, _____[1] cette année?

MME H: Mon mari _____[2] à Cannes, mais personnellement

_____[3] quelque chose de plus original.

_____[4] à me proposer?

L'AGENT: _____[5]… _____[6] réfléchir. Qu'est-ce qui vous tente?

MME H: _____[7] à l'étranger. Non, _____[8] découvrir

de petits endroits pittoresques, mais mon mari _____[9] un drame s'il ne voit pas

la mer!

L'AGENT: _____[10] donc en Bretagne!

MME H: Ah non! Pas d'attrape-touristes!

L'AGENT: Mais pas du tout. Les touristes _____[11] tous _____[12].

_____[13]! _____[14] des dizaines de villages très

paisibles, une campagne sauvage et magnifique. Et puis, votre mari _____[15]

l'océan tout près.

MME H: _____[16]! Vous m'avez convaincue.

L'AGENT: Vous _____[17] enchantés tous les deux, _____[18] certaine!

Maintenant, écoutez la dictée une troisième fois pour vérifier vos réponses. (*Les réponses se trouvent en appendice.*)

C. Un poème. Ecoutez ce poème de Guillaume Apollinaire. Puis, répétez.

Le Pont Mirabeau

Sous le pont Mirabeau coule la Seine
       Et nos amours
    Faut-il qu'il m'en souvienne
La joie venait toujours après la peine°   *emotional pain*

    Vienne la nuit sonne l'heure°   *Let night come let the hour ring out*
    Les jours s'en vont je demeure°   *reste*

Les mains dans les mains restons face à face
       Tandis que° sous   *While*
    Le pont de nos bras passe
Des éternels regards l'onde° si lasse°   *the wave / weary*

    Vienne la nuit sonne l'heure
    Les jours s'en vont je demeure

L'amour s'en va comme cette eau courante
       L'amour s'en va
    Comme la vie est lente
Et comme l'Espérance° est violente   *l'espoir*

    Vienne la nuit sonne l'heure
    Les jours s'en vont je demeure

Passent les jours et passent les semaines
       Ni temps passé
    Ni les amours reviennent
Sous le pont Mirabeau coule la Seine

    Vienne la nuit sonne l'heure
    Les jours s'en vont je demeure

DEUXIEME PARTIE: EXERCICES ECRITS

Mots et expressions

▪▪

Vacances d'été. Complétez les phrases de façon logique avec les mots ci-dessous.

l'endroit (*m.*) *place, locality*
faire une visite à *to visit* (*people*)
le lieu *place, spot*
la place *seat* (*in bus, theater, etc.*)
rendre visite à *to visit* (*people*)
visiter *to visit* (*a place*)

Chaque été nous _____¹ la Corse, parce que c'est un très joli

_____². Nous avons des amis là-bas et d'habitude nous leur

_____³ en été. Nous allons nous donner rendez-vous en août mais nous n'avons

pas décidé du _____⁴ exact. D'abord, bien sûr, il faut trouver des

_____⁵ sur le bateau qui va de Nice à Ajaccio. L'année prochaine, nos amis

pourront peut-être nous _____⁶.

Structures

▪▪

L'IMPERATIF

A. Le code de la route. Vous travaillez dans une auto-école et vous regardez vos notes avant de faire votre cours. Créez des phrases en utilisant les mots suivants. Mettez les verbes *à l'impératif.*

MODELE: vous: ne pas doubler / camions / collines (*hills*) →
Ne doublez pas les camions sur les collines.

1. vous: respecter / code de la route

_____

2. tu: faire attention / limitation de vitesse

_____

3. nous: être patients / heures de pointe

_____

4. vous: payer / contravention / tout de suite

_____

5. tu: ne pas s'arrêter / milieu / route

_____

B. Projets de voyage. Mettez les phrases suivantes à la forme affirmative de *l'impératif.* Substituez des pronoms (*le, la, les, lui, leur, y, en*) aux mots en italique, selon le cas.

    MODELE: Tu cherches *ton passeport.* → Cherche-le.

1. Nous allons *dans le sud* ce week-end.

_____

2. Tu réponds *à l'agent de police.*

_____

3. Vous prenez *l'autoroute.*

_____

4. Tu vas *à la banque* avant de partir.

_____

5. Vous apportez *une lampe de poche.*

_____

6. Vous *me* prêtez *la tente.*

_____

7. Nous montrons *les sites aux autres touristes.* (2 pronoms)

_____

8. Nous parlons *de nos vacances à Yves.* (2 pronoms)

_____

LE FUTUR SIMPLE

A. Une promenade en voiture. Transformez les phrases en mettant les verbes en italique *au futur simple.*

    MODELE: Je *vais* bientôt *partir.* → Je partirai bientôt.

1. Nous *allons prendre* l'autoroute.

_____

2. Je ne *vais* pas vous *donner* de contravention.

_____

3. Vous *allez ralentir* dans le virage (*turn*).

   _____

4. Mes parents *vont* m'*envoyer* à la montagne.

   _____

5. *Vas*-tu *vouloir* y aller?

   _____

6. *Va*-t-il *pouvoir* trouver la bonne route?

   _____

7. Vous n'*allez* pas *être* malade dans la voiture: il n'y a pas beaucoup de virages.

   _____

8. *Vas*-tu *faire* le plein?

   _____

B. A la montagne. Décrivez vos projets pour samedi prochain en mettant les verbes entre parenthèses *au futur simple.*

Mon amie et moi, nous _____[1] (*aller*) à la montagne samedi. Mon amie espère

qu'il ne _____[2] (*pleuvoir*) pas; autrement, elle ne _____[3]

(*pouvoir*) pas prendre de photos. Moi, je/j'_____[4] (*aller*) chercher de la lavande et

du thym pour un repas que je _____[5] (*préparer*) le lendemain. Nous

_____[6] (*grimper: to climb*) jusqu'au sommet et (nous) _____[7]

(*jeter*) un coup d'œil sur le panorama. Il ne _____[8] (*falloir*) pas rester trop

longtemps. Au retour, nous _____[9] (*prendre*) le chemin du côté ouest, où nous

_____[10] (*voir*) le mieux le coucher du soleil. Nous ne _____[11]

(*se dépêcher*) pas, et nous _____[12] (*rentrer*) à l'heure du dîner.

C. L'avenir. Terminez les phrases à votre façon, en utilisant un verbe *au présent* ou *au futur*, comme il convient. Ensuite, traduisez vos phrases en anglais.

1. Je parle français quand _____

   _____

2. J'achèterai une belle voiture quand _____

   _____

3. Les étudiants sont heureux quand _____

   _____

4. Quand j'aurai faim, je _____

_____

5. Quand le semestre se terminera, les professeurs _____

_____

6. Quand mes amis sont fatigués, ils _____

_____

LE CONDITIONNEL PRESENT

A. Transformations. Mettez les verbes *au conditionnel présent.*

1. j'ai _____

2. tu vas _____

3. vous savez _____

4. je viens _____

5. tu fais _____

6. nous sommes _____

7. il doit _____

8. ils voient _____

9. nous pouvons _____

10. elle reçoit _____

B. Conséquences. Choisissez un élément de chacune des listes ci-dessous et faites une phrase logique qui décrit une conséquence possible pour chaque situation présentée. Mettez le verbe après *si* à *l'imparfait* et l'autre *au conditionnel.*

MODELE: Si tu doublais ici, tu attraperais une contravention.

tu	doubler ici	falloir rouler moins vite
vous	ralentir trop	que faire?
il	respecter la limitation de vitesse	attraper une contravention
on	tomber en panne	arriver en retard
je	pleuvoir	y avoir moins d'accidents
nous	être perdu(e)	devoir appeler un(e) mécanicien(ne)

1. _____

2. _____

3. _____

4. _____

5. _____

C. Un voyage idéal. Voici l'itinéraire que vous suivriez cet été si vous aviez le temps et l'argent. Choisissez huit endroits et expliquez ce que vous y feriez. Inspirez-vous de cette carte. Ajoutez d'autres activités si vous voulez.

MODELE: Si j'allais à La Baule, je rendrais visite à Annie.

_____

_____

_____

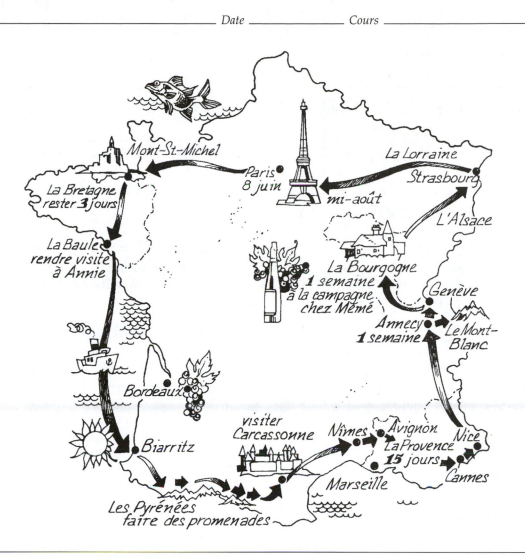

_____

_____

_____

_____

Reprise

■ ■

A. Suggestions. Remplacez les expressions après le verbe par des pronoms (*lui, leur, elles, y, en*) et mettez les verbes à la forme indiquée de *l'impératif.*

    MODELE: vous: aller / à la maison → Allez-y.

  1.   tu: parler / de ton voyage

_____

2. nous: ne pas s'arrêter / à Lyon

_____

3. vous: montrer / moi / des photos

_____

4. tu: prêter / la voiture / à Valérie

_____

5. nous: ne pas s'en aller / sans Roselyne et Agnès

_____

B. Proverbes. Chaque province française possède des dizaines de proverbes pittoresques. Transformez chacune des expressions suivantes en proverbes. Dans les phrases avec *si,* utilisez *l'imparfait + le conditionnel;* dans les phrases avec *quand,* utilisez *le futur + le futur.*

MODELE: on paie ses dettes / on s'enrichit / si → Si on payait ses dettes, on s'enrichirait.

1. on perd une personne / on en retrouve dix / si

_____

2. on est patient / on obtient ce qu'on veut / quand

_____

3. on a du temps / on a de l'argent / si

_____

4. on refuse de voir / on est le pire aveugle (*blind person*) / si

_____

5. on fait son propre lit / on dort bien / quand

_____

6. on est loin des yeux / on est loin du cœur / si

_____

7. on ne casse pas d'œufs / on ne fait pas d'omelette / si

_____

C. Un rêve qui devient réalité. Traduisez la conversation suivante en français.

ANNE: If you had the choice, where would you live?

_____

BRUNO: I'd stay here. Look at this view! (**vue,** *f.*) Where could one see a more beautiful place?

_____

_____

_____

ANNE: Don't tell me that! In three days, I'll be far from here.

_____

_____

BRUNO: Well, maybe you shouldn't leave. Think about it!

_____

_____

ANNE: I'd love to stay, but if I don't go back, I'll lose my job. If I were rich I could do what **(ce que)** I want.

_____

_____

_____

BRUNO: Don't dream too much. But if you really would prefer not to go, we could . . .

_____

_____

ANNE: What? Tell me!

_____

Terminez ce dialogue avec l'idée de Bruno. Utilisez votre imagination.

BRUNO: _____

_____

_____

_____

Pour écrire en français

■■

A Composition Checklist

> *The beautiful part of writing is that you don't have to get it right the first time, unlike, say, a brain surgeon. You can do it better, find that exact word or the appropriate phrase.* —Robert Cormier

Writing successful papers involves two very different kinds of activities:

1. Developing and arguing your ideas in a coherent, convincing way
2. Paying careful attention to the correctness of the words you use

In order to obtain satisfying results, putting time and energy into both aspects of the writing process is essential.

Follow this checklist of steps as you write each paper. Feel free to add more of your own guidelines as you gain more writing experience.

1. My paper has a title, an introduction, a body, and a conclusion.
2. In the introduction, a clear thesis statement argues the main idea of my paper.
3. In the body of the paper, I have presented three arguments that prove why my thesis statement is correct. Each argument is supported by two or three facts or specific examples taken from the text and/or from real life. These are *not* general observations about life or personal opinions.
4. Each sentence contains a verb conjugated to agree with its subject. I have looked up all verb conjugations that I'm not sure about.
5. All articles and adjectives agree with the nouns they modify.
6. I have confirmed the gender of all the nouns in the paper.
7. All words are spelled correctly.
8. All accents are correct.
9. I have used vocabulary from chapters studied this term. No English words have been used.
10. The conclusion gives a satisfying sense of closure. It refers to but doesn't repeat the thesis of the paper. It may present a final thought worth adding, ask a question for thoughtful readers to consider, or suggest another interpretation for the facts presented.

Activités

A. Choisissez un sujet de rédaction présenté dans *Lectures littéraires, Variétés culturelles* ou dans ce cahier-ci.

Sujet possible: Un voyage nécessaire

B. Ecrivez la thèse de votre composition.

_____

C. Faites un brouillon. Développez trois arguments qui soutiennent votre thèse. N'oubliez pas d'utiliser le futur simple pour décrire les actions futures certaines et le conditionnel pour les actions futures possibles.

D. Contrôlez (*Check*) les dix points couverts dans la liste ci-dessus (*above*).

E. En cours, faites un travail de partenaires:

1. Identifiez la thèse de la rédaction que vous lisez.
2. Mentionnez une chose que vous appréciez dans le travail de votre partenaire (le vocabulaire est riche, approprié / il y a une grande variété de verbes / la première phrase m'a donné envie de lire la suite / le sujet est original, etc.).
3. Faites-lui une ou plusieurs suggestion(s).

REVISION: CHAPITRES 1-6

L'INTERROGATION

La curiosité. Utilisez les éléments des trois colonnes pour créer des questions, d'abord avec *est-ce que* et ensuite avec inversion. Ensuite, répondez à ces questions.

Quand	vous	étudier
Où	vos amis	se réveiller
A qui	votre père / votre mère	parler
Pourquoi		téléphoner

_____

_____

_____

_____

_____

_____

_____

_____

L'ARTICLE DEFINI ET L'ARTICLE PARTITIF

La cuisine régionale. Complétez les phrases suivantes en employant des articles (*définis, indéfinis* ou *partitifs*) selon le cas. Attention à l'emploi de certaines contractions.

1. Les diverses régions françaises sont connues pour la variété de leur cuisine. En Alsace, on

   mange beaucoup _____ choucroute avec _____ pommes de terre et _____ porc.

2. En Bourgogne, les chefs utilisent _____ ail et _____ persil et préfèrent _____ sauces au vin

   blanc ou au vin rouge.

3. Les Bretons préparent souvent _____ sauces veloutées (*rich*) et _____ poireaux (*leeks*).

4. Les Lyonnais adorent _____ oignons sautés.

5. Une bonne cuisinière normande ajoute _____ cidre (*m.*) à ses plats.

6. Dans le Périgord, on mange _____ truffes (*truffles*) et _____ foie gras.

7. En Provence, on met souvent _____ tomates, _____ olives et _____ anchois dans les plats

   régionaux.

8. Les Bordelais boivent _____ vin blanc et _____ vin rouge.

9. En Savoie, les touristes trouvent _____ plats gratinés, _____ fromage et _____ fraises

   des bois.

10. Et à Paris, on peut goûter à _____ cuisine arabe, (à) _____ plats chinois et même (à)

_____ sandwichs de bœuf haché à l'américaine. On trouve de tout à Paris!

LE COMPARATIF ET LE SUPERLATIF

Comparaisons. Comparez les personnes, les choses et les endroits suivants. Attention aux temps des verbes.

MODELE: Louis XIV / Louis XVI →
Louis XIV avait plus de chance que Louis XVI.
Louis XVI a vécu moins longtemps que Louis XIV.

1. trois musiciens que vous connaissez

_____

_____

2. Paris / New York / Tokyo

_____

_____

3. votre université / une autre université que vous connaissez

_____

_____

4. vos cours d'université / vos cours de lycée

_____

_____

5. Malcolm X / Martin Luther King, Jr.

_____

_____

6. deux membres de votre famille

_____

_____

7. ?

_____

_____

LE PASSE COMPOSE

Une journée typique? Mettez les phrases suivantes *au passé composé*.

1. Caroline se lève à sept heures.

_____

2. Elle se lave les dents et la figure.

   _____

3. Elle se donne un coup de peigne et elle s'habille.

   _____

4. Elle se prépare un petit déjeuner et elle se dépêche de quitter la maison.

   _____

5. Elle se trompe d'autobus et descend à l'arrêt suivant.

   _____

6. Elle voit un vieil ami. Ils s'embrassent et se parlent.

   _____

7. Elle se rend compte qu'elle est (*était*) en retard.

   _____

8. Elle entre dans un café pour appeler un taxi.

   _____

9. Les deux amis se quittent devant le café.

   _____

10. Elle s'en va toute seule à son travail.

    _____

LE PLUS-QUE-PARFAIT

Ah, si... Les étudiants regrettent certaines choses qu'ils n'ont pas faites pendant l'année. Mettez les verbes *au plus-que-parfait* pour exprimer ces regrets. Suivez le modèle.

MODELE: je / manger dans un bon restaurant →

Ah, si j'avais mangé dans un bon restaurant…

1. nous / travailler plus sérieusement

   _____

2. vous / faire la grasse matinée plus souvent

   _____

3. je / partir à la montagne pour le week-end

   _____

4. tu / étudier plus

   _____

5. les étudiants / téléphoner à leurs parents

   _____

6. nous / se parler plus souvent

_____

L'IMPARFAIT, LE PASSE COMPOSE ET LE PLUS-QUE-PARFAIT

Ma jeunesse. Mettez les phrases suivantes *à l'imparfait, au passé composé* ou *au plus-que-parfait*. Attention à l'accord du participe passé.

Une vieille dame raconte sa jeunesse.

1. Quand je/j'_____ (*quitter*) l'école, je/j'_____ (*avoir*) douze ans.

2. Mon père, ce/c'_____ (*être*) un pêcheur qui _____ (*passer*) de longues journées en mer.

3. Ma mère _____ (*rester*) à la maison. Elle _____ (*décider*) très jeune qu'elle _____ (*vouloir*) travailler dans la ferme familiale.

4. Ce/C'_____ (*être*) elle qui _____ (*tuer*) le cochon (*pig*) chaque année.

5. En automne, elle _____ (*faire*) seule la récolte des légumes qu'elle _____ (*planter*) au printemps.

6. Et moi, à treize ans, je/j'_____ (*avoir*) déjà beaucoup de travail à faire.

7. Je/J'_____ (*faire*) la cuisine, je/j'_____ (*laver*) le linge.

8. On _____ (*habiter*) loin de la ville parce que mon grand-père _____ (*construire*) la maison en pleine campagne.

9. Je/J'_____ (*faire*) les courses à vélo.

10. Puis, je/j'_____ (*grandir*).

11. A seize ans, je _____ (*se dire*), «Je suis l'esclave de la famille!».

12. Un jour je _____ (*se disputer*) avec mon père et je/j'_____ (*quitter*) la maison.

13. Je/J'_____ (*travailler*) pendant quinze ans dans une fromagerie.

14. Je/J'_____ (*apprendre*) le métier.

15. Mais je/j'_____ (*avoir*) le mal du pays, et je _____ (*retourner*) au village.

16. La guerre _____ (*commencer*) et tous les hommes _____ (*partir*).

17. Heureusement, je/j'_____ (*savoir*) faire du fromage, et je/j'

_____ (*trouver*) du travail dans une fromagerie près de chez moi.

Qu'est-ce qui s'est passé ensuite? Ajoutez un ou deux détails à cette histoire.

_____

_____

L'ADVERBE

Votre meilleur(e) ami(e). Qu'est-ce qui le/la caractérise? Complétez chaque phrase en formant *un adverbe* à partir d'un des adjectifs proposés.

1. Il/Elle me parle (franc / gentil / fréquent).

_____

2. Il/Elle me raconte (fréquent / constant / rare) des plaisanteries (*jokes*).

_____

3. Il/Elle traite les gens (sérieux / respectueux / intelligent).

_____

4. Il/Elle réagit (naturel / passionné / spontané).

_____

5. Il/Elle pense (rare / suffisant / constant) aux autres.

_____

Maintenant, résumez son caractère en utilisant des adverbes que vous n'avez pas encore utilisés.

Je respecte mon ami(e) parce qu'il/elle vit _____, réfléchit

_____, parle _____ et rit _____.

LES PRONOMS OBJETS DIRECTS, INDIRECTS ET ADVERBIAUX

Dans un vignoble bordelais. Complétez les phrases suivantes en employant les pronoms objets et adverbiaux qui conviennent (*le, la, l', les, lui, leur, y, en*).

1. Un beau jour d'automne, John a visité une propriété où l'on fabriquait du vin nouveau. Il

ne/n'_____ avait jamais bu.

2. Dans le car, les copains ont chanté des chansons françaises. John ne/n'_____ connaissait pas

mais il a été ravi de/d'_____ apprendre.

3. Les étudiants s'amusaient à _____ apprendre leurs chansons préférées.

4. Arrivés à la propriété, les étudiants sont descendus et deux vieux messieurs _____ ont

emmenés à la cave avec eux.

5. Un vieux monsieur _____ a montré les tonneaux (*barrels*). La belle boisson rouge clair

_____ fermentait. Il _____ a versé (*poured*) dans des verres.

6. Il _____ a offert du vin. Les jeunes gens _____ ont bu.

7. Ce vin nouveau était merveilleux. Ils _____ ont trouvé tout à fait délicieux.

L'IMPÉRATIF

Qui es-tu? Complétez les phrases avec *l'impératif* des verbes donnés et vous aurez un joli poème écrit par une lycéenne française, Anne-Marie (17 ans).

TOI

Toi
Qui es-tu?
Qui, toi, qui es-tu?

_____[1]! Avant de répondre   *attendre*

_____[2],   *réfléchir*

Ne me _____[3] pas ton nom, ton prénom!   *dire*

Seulement ton surnom*!

_____[4]-moi qui, et ce que tu aimes,   *dire*

Ne _____[5] pas longtemps,   *chercher*

_____[6]-moi franchement les premières choses   *dire*

    qui te passent par la tête.

_____[7]-moi tes rêves et tes soucis,†   *dire*

Carrément‡ ce que tu attends de la vie.

_____[8] d'être étonné,   *arrêter*

Et n'_____[9] pas tant de choses   *imaginer*

_____[10], _____[11] à parler   *parler / commencer*

Et tu verras, les paroles ne se feront pas prier.§

Plutôt que ton métier, ou ton rang

_____[12]-moi tes souvenirs d'enfant.   *dire*

Ne _____[13] pas ton âge, mais celui que   *dire*

    tu crois avoir,

Car c'est celui que tu as.

---

*nickname (e.g., «Henri le Juste», «Hélène la Belle»)
†worries
‡Frankly
§ne... won't have to be coaxed

Non, ne me _____¹⁴ pas le nom d'une nation   *dire*

A laquelle tu n'appartiens pas,

_____¹⁵-moi de celle à laquelle tu voudrais   *parler*

appartenir.

Ne me _____¹⁶ pas comme à une machine.   *parler*

Et tu auras un ami.

LE FUTUR

Un voyage en 2020. Créez des phrases en utilisant les éléments suivants. Mettez les verbes *au futur*.

1. En 2020, je / avoir / 60 ans.

    _____

2. Mon mari et moi, nous / ne pas travailler car nous / être à la retraite.

    _____

3. Nos amis / nous inviter / chez eux, dans le sud de la France.

    _____

4. Comment / faire / -nous le voyage pour leur rendre visite?

    _____

5. Nous / prendre / l'avion, bien sûr, jusqu'à Paris.

    _____

6. Ensuite, mon mari / louer / une voiture et je la / conduire sur les petites routes.

    _____

7. Nos amis nous / préparer / des repas fantastiques et nous / passer / des journées entières sur la plage.

    _____

8. Et vous? Que / faire / -vous quand vous / être / à la retraite?

    _____

9. Peut-être que vous / venir / avec nous!

    _____

LE CONDITIONNEL

Sur l'autoroute. Mettez les verbes suivants *au conditionnel* ou *à l'imparfait*, selon le cas.

1. Je _____ (*faire*) un voyage si je/j'_____ (*avoir*) le temps.

2. Si vous _____ (*rouler*) trop vite, le gendarme vous _____ (*donner*) une contravention.

3. Nous ne nous _____ (perdre) pas si nous _____ (acheter) une carte de la région.

4. S'il _____ (doubler) dans un virage, il _____ (avoir) un accident.

5. La route ne/n'_____ (être) pas si dangereuse si elle ne/n'_____ (avoir) pas trois voies (lanes).

6. Si vous _____ (ralentir), la voiture _____ (tenir) mieux la route.

7. Beaucoup de gens _____ (être) tués dans des accidents si on ne _____ (limiter) pas la vitesse sur les autoroutes.

8. Si ta voiture _____ (être) en panne, _____ (téléphoner) -tu à la police?

9. Si on _____ (doubler) en haut d'une côte, on _____ (risquer) d'avoir un accident.

10. Si vous _____ (recevoir) une contravention, que _____ (faire)-vous?

LA CONCORDANCE DES TEMPS

Quelle organisation! Votre camarade a prévu le voyage que vous allez faire ensemble dans les moindres détails. Mettez les verbes entre parenthèses aux temps et aux modes qui conviennent (*conditionnel, futur, impératif* ou *présent*).

Nous partirons le 10 juillet. Quand j'_____[1] (*avoir*) les billets d'avion, je t'appellerai. Si tu as des nouvelles avant moi, _____[2] (*appeler*) -moi.

Nous irons à l'aéroport en bus. Quand nous y _____[3] (*être*), nous ferons enregistrer nos bagages. Ensuite, nous _____[4] (*se diriger*) vers la porte d'embarquement. En chemin, on pourra s'arrêter pour acheter des magazines si tu _____[5] (*vouloir*) lire dans l'avion. Si on voyageait en première classe, on _____[6] (*ne pas avoir besoin*) d'en acheter, tu sais, on nous les _____[7] (*donner*).

Quand nous arriverons à Bruxelles, nous _____[8] (*chercher*) notre hôtel et nous _____[9] (*se reposer*) une petite heure, si tu veux. Mais si à ce moment-là tu préférais aller te promener, on _____[10] (*pouvoir*) aller faire un tour en ville. On verra bien. Ah! Vivement les vacances!

Vue d'ensemble

Quelle malchance! Traduisez l'histoire suivante en français. Faites attention au temps et à la forme des verbes.

1. My cousins, Sylvie and Anne, decided to come visit us last summer.

   _____

2. They bought themselves a new car.

   _____

3. They telephoned each other every day before their departure (*départ*).

   _____

4. Monday morning, Anne fell down and hurt (*se faire mal à*) her arm.

   _____

5. Sylvie took the wrong road to the hospital.

   _____

6. Anne said to her, "Oh my arm, pay attention!"

   _____

7. Sylvie quickly found the right road.

   _____

8. They arrived at the hospital.

   _____

9. The doctor told Anne that (*que*) she had broken (*se casser*) her arm.

   _____

10. "Don't worry," (*s'inquiéter*) said Sylvie. "We can take our trip next month."

    _____

    _____

LES MEDIAS ET LA TECHNOLOGIE

CHAPITRE 7

PREMIERE PARTIE: EXERCICES ORAUX

A l'écoute

Listening for Details

Sometimes the topic of a conversation is familiar to you and you can comprehend the main ideas easily. In that case, it's a good idea to pay attention to both general ideas and specific details, in order to understand as much as possible. If you hear that someone is talking about computers and diskettes, for example, listen for the specific issues being discussed. If there is a vocabulary word, such as **"virus"** that can mean different things in different contexts, use the other details you've understood to help you figure out the best meaning here. Listening carefully to the answers to short questions can be helpful, too, allowing you to focus your attention. Because details are more concrete and easier to picture than main ideas, they can engage you in a way that helps you listen more actively, which in turn will help you understand more of what you hear.

Aux Copains d'Internet. Ecoutez ces publicités pour un cybercafé à Paris en faisant attention aux détails présentés. Puis, décidez si les commentaires que vous entendez sont *vrais* ou *faux*.

	V	F
1.	☐	☐
2.	☐	☐
3.	☐	☐

Anne et Christine sont au cybercafé. Maintenant, regardez les dessins et écoutez la conversation une ou deux fois. Puis, arrêtez la bande pour indiquer si les déclarations qui suivent sont *vraies* (V) ou *fausses* (F). (*Les réponses se trouvent en appendice.*)

1. Anne et Christine sont au cybercafé uniquement pour prendre le thé.   V   F

2. La première disquette que Christine a donnée à Anne marche bien.   V   F

3. Christine avait prêté la disquette à sa sœur.   V   F

4. Le logiciel (*program*) qu'elles utilisent est un détecteur de virus.   V   F

5. La première disquette avait simplement trop de documents.   V   F

6. Il y a des virus sur les deux diskettes.   V   F

7. Anne préfère que Christine lui prête la deuxième disquette.   V   F

Mots et expressions

Identifications. Ecoutez chaque groupe d'expressions et répétez celle qui ne va pas avec les autres.

MODELE: la radio, les médias, le pourboire → le pourboire

1. …   2. …   3. …   4. …   5. …

Structures

LE PRESENT DU SUBJONCTIF

A.   Transformations. Ecoutez les verbes suivants et mettez-les *au subjonctif* précédé par *que.*

MODELE: je vais → que j'aille

1. …   2. …   3. …   4. …   5. …   6. …   7. …   8. …   9. …   10. …   11. …   12. …

B.   Suggestions. D'abord, arrêtez la bande pour regarder les expressions verbales et les dessins suivants (page 113). Puis, écoutez les remarques de ces personnes. Donnez-leur un conseil en utilisant une des expressions suggérées et *il faut que vous + le subjonctif.* (*La réponse donnée est une réponse suggérée.*)

leur acheter un cadeau	mettre de l'argent à la banque
aller en France	réduire vos dépenses
établir un budget	vendre l'ancien ordinateur

MODELE: J'aimerais parler bien le français. → Il faut que vous alliez en France.

1.

2.

3.

4.

5.

C. Débat. Deux candidats expriment des points de vue contradictoires. Ecoutez les déclarations du candidat A et donnez les opinions du candidat B en utilisant *le subjonctif* avec *Je ne crois pas que...*

> MODELE: A: Tout le monde s'appauvrit. →
> B: Je ne crois pas que tout le monde s'appauvrisse.

1. … 2. … 3. … 4. … 5. … 6. …

LE SUBJONCTIF PASSE

Transformations. Ecoutez les verbes suivants et mettez-les *au passé du subjonctif* précédé par *que*.

> MODELE: que je sache → que j'aie su

1. … 2. … 3. … 4. … 5. … 6. … 7. … 8. … 9. … 10. …

Les sons des mots

■■■

L'alphabet en français

A. Répétez les lettres suivantes.

A B C D E F G H I J K L M N O P Q R S T U V W X Y Z

B. Sigles (*Acronyms*). Maintenant, quelques sigles français. Epelez les sigles suivants sans lire leurs noms en entier.

> MODELE: S P A (Société protectrice des animaux)

1. E D F   (Electricité de France)
2. H L M   (Habitations à loyer modéré)
3. I E P   (Institut d'Etudes politiques)
4. J O   (Jeux olympiques)
5. K G B   (La police secrète russe)
6. O N U   (Organisation des Nations unies)
7. P D G   (Président-directeur général)
8. S N C F   (Société nationale des chemins de fer)
9. T G V   (Train à grande vitesse)
10. W-C   (Water-closet, Cabinet de toilette)

C. Entraînement auditif. Entourez d'un cercle les mots que vous entendrez deux fois. (*Les réponses se trouvent en appendice.*)

> MODELE: (qu'elle lise)   qu'elle lisse

1.	le réseau	le raisin	6.	que nous passions	que nous fassions
2.	répondre	répandre	7.	que je jette	que j'achète
3.	censure	censeur	8.	qu'il faille	qu'il vaille
4.	la chaîne	la chienne	9.	que tu sois	que tout soit
5.	que vous achetiez	que vous achetez	10.	que j'épuise	que je puisse

Reprise

▪▪

A. Devinettes: Moyens de communication. Ecoutez les expressions suivantes avant de commencer cet exercice.

_____ l'imprimante   _____ le journal de 20 heures

_____ le quotidien   _____ le Minitel

_____ l'ordinateur portatif

Maintenant, écoutez chaque description et devinez de quoi il s'agit. (*Mettez le numéro de la description devant le nom correspondant. Les réponses se trouvent en appendice.*)

B. Dictée: Actualités. Ecoutez toute la dictée une première fois sans rien écrire. Ecoutez-la une deuxième fois et remplissez les blancs.

Voici les actualités pour ce _____[1]:

• Selon un sondage récent, les $\frac{3}{4}$ _____[2] qu'une interdiction de

la publicité pour l'alcool _____[3] aider à combattre l'alcoolisme. En revanche, 63 %

d'entre eux _____[4] l'on _____[5] plutôt la vente de l'alcool aux

mineurs _____[6].

• Quatre-vingt-quatorze pour cent des Français _____[7] la lutte contre

_____[8] la priorité du président. Les $\frac{2}{3}$ des Français _____[9] le

gouvernement _____[10] des mesures _____[11] la corruption et l'immigration.

• Les Français sont déçus que seuls deux joueurs français _____[12] les

épreuves de Wimbledon hier. _____[13] Pioline

_____[14] des courts en raison d'une maladie.

_____[15] Santoro _____[16] devant le

Brésilien Mattar en quatre sets. _____[17] les autres espoirs français ne

_____[18] pas _____[19] découragés par ces résultats.

Maintenant, écoutez une dernière fois pour vérifier vos réponses. (*Les réponses se trouvent en appendice.*)

DEUXIEME PARTIE: EXERCICES ECRITS

Mots et expressions

Les volcans d'Auvergne. Un programme à la télé fait penser Mme Lenoir aux étés de son enfance passés dans une remarquable région française. Complétez les phrases de façon logique avec les mots ci-dessous.

> actualités (*f.*) *news show*
> actuel (*adj.*) *present*
> actuellement *now, at the present time*
> autrefois *formerly*
> à l'avenir *in the future*
> en fait *actually*

Hier soir, en regardant les _____¹ à la télévision, j'ai vu un reportage sur la plus

récente éruption des volcans d'Hawaï. Tout cela m'a rappelé les étés de mon enfance passés en

colonie de vacances en Auvergne. _____², l'Auvergne était la région la plus

volcanique d'Europe. Les monts d'Aubrac, du Cantal, Dore, du Velay et les plus jeunes, les monts

Dôme, sont _____³ éteints (*extinguished*). _____⁴, les cratères et

vallées créées par ces anciens volcans forment aujourd'hui de magnifiques lacs entourés d'arbres et

de fleurs. Dans le Cantal, on voit encore de vieilles maisons construites en lave noire. Qui sait… Il

se peut qu' _____⁵, je sois obligée d'aller passer quelques jours dans les stations

thermales de Royat ou du Mont-Dore à cause de mes problèmes _____⁶ de

rhumatismes.

Structures

LE PRESENT DU SUBJONCTIF

Il faut qu'on se tienne au courant. Mettez les phrases suivantes *au subjonctif* en vous servant des verbes en italique.

> MODELE: Les journalistes disent que leurs reportages *sont* bons. →
> Le public veut que les reportages <u>soient</u> bons.

1. Certains gouvernements pensent qu'ils *peuvent* contrôler les médias.

   Les citoyens ne désirent pas que ces gouvernements _____

   _____.

2. Je sais que le journal de 20 heures *réussit* à présenter les informations importantes.

   Il vaut mieux que le journal de 20 heures _____

   _____.

3. Les gens voient que ce journal à sensation *ne dit pas* la vérité.

   Il est regrettable que ce journal à sensation _____

   _____.

4. Le journaliste espère que son reportage *sera* en direct.

   Le journaliste préfère que _____

   _____.

5. Dans la plupart des pays, je sais qu'il y *a* des hebdomadaires sérieux.

   Dans la plupart des pays, il faut qu'il y _____

   _____.

L'EMPLOI OBLIGATOIRE DU SUBJONCTIF

A.   Un nouveau logement. Madeleine vient de trouver un appartement qu'elle va partager avec ses deux amies, Céline et Laure. Elle les appelle pour leur annoncer la bonne nouvelle. Modifiez ses déclarations en mettant *au pluriel* les mots en italique. Faites les autres changements nécessaires.

1. Il faut que *tu* ailles le voir le plus tôt possible.

   _____

2. Il est possible que *je* puisse déménager la semaine prochaine.

   _____

3. Le propriétaire a suggéré que *je* fasse la connaissance des locataires du premier (*second floor*).

   _____

   _____

4. Comme j'avais peur que *tu* n'aimes pas l'appartement, j'ai préféré *t*'attendre pour signer le bail (*lease*).

   _____

   _____

5. Je propose que *tu* passes me prendre demain vers 8 h, si *tu* veux que nous le voyions ensemble.

   _____

   _____

6. … A moins que *tu* ne préfères le visiter ce soir.

   _____

7. Je crains que *la personne* qui est arrivée tout juste avant moi décide de le prendre.

   _____

   _____

B.   La vie moderne. Une jeune femme parle des ordinateurs avec sa grand-mère. Faites des phrases *au subjonctif* en vous servant des éléments ci-dessous.

   MODELE: je / vouloir / tu / comprendre les ordinateurs →
   Je veux que tu comprennes les ordinateurs.

   1.   il / sembler / tu / pouvoir apprendre à t'en servir facilement

   _____

   _____

   2.   papa / douter / ce / être possible

   _____

   3.   mes cousins / désirer / tu / se servir de / le courrier électronique

   _____

   _____

   4.   Croire / -tu / Internet / transmettre les informations essentielles?

   _____

   5.   je / être content / on / pouvoir mettre tant d'informations sur un CD-ROM

   _____

   _____

   6.   il / falloir / nous / chercher une causette pour des personnes de ton âge

   _____

   _____

   7.   je / ne... pas croire / les autres personnes de ton âge / avoir peur d'utiliser l'ordinateur

   _____

   _____

   8.   il / être improbable / quelqu'un / leur apprendre à l'utiliser

   _____

   _____

   9.   il / être nécessaire / tu / se tenir au courant des nouvelles technologies

   _____

   _____

   10.   ce / être fantastique / je / avoir une mamie ultra-moderne

   _____

LE SUBJONCTIF PAR RAPPORT A L'INFINITIF

Ce que le candidat de droite dit dans la presse. Faites une phrase avec *un infinitif* et une phrase *au subjonctif* en employant les mots ci-dessous.

MODELE: il est bon / voter →
  a.   Il est bon de voter.
  b.   (vous) Il est bon que vous votiez.

1.   il ne faut pas / avoir / trop / dettes

  a.   _____

  b.   (les gens) _____

2.   il est nécessaire / faire / service militaire

  a.   _____

  b.   (les jeunes gens) _____

  _____

3.   il vaut mieux / s'inscrire / parti

  a.   _____

  b.   (vous) _____

  _____

4.   c'est dommage / vouloir / manifester

  a.   _____

  b.   (les étudiants) _____

  _____

5.   il est regrettable / ne pas pouvoir / convaincre / public

  a.   _____

  b.   (je) _____

  _____

LE SUBJONCTIF PAR RAPPORT A L'INDICATIF

La violence à la télévision. Françoise et Paul donnent leurs opinions. Transformez les phrases en employant les propositions entre parenthèses et en faisant les changements nécessaires.

MODELE: Il y a trop de violence à la télé. (Je regrette) →
  Je regrette qu'il y ait trop de violence à la télé.

1.   La télévision est libre. (Il est indispensable) _____

  _____

2.   Le journal de 20 heures devient insupportable. (Je trouve) _____

  _____

3. Les gens peuvent toujours refuser de le regarder. (Ne crois-tu pas) _____

   _____

4. Le gouvernement prendra la responsabilité de protéger le public. (J'espère) _____

   _____

5. C'est possible. (Je ne pense pas) _____

   _____

6. Nous faisons pression sur (*pressure*) les hommes politiques. (Il faudra) _____

   _____

7. Vous manifesterez. (Il vaut mieux) _____

   _____

8. Une manifestation finit souvent par la violence. (Tu sais bien) _____

   _____

9. Tu seras à la télévision! (Il est possible) _____

   _____

LE SUBJONCTIF PASSE

Une fête devenue historique. Mettez les verbes entre parenthèses *au subjonctif présent* ou *passé*. (Les indications pour le passé du subjonctif vous sont données.)

1. Quelle chance qu'une cantatrice célèbre comme Jessye Norman

   _____ (*se proposer* [passé]) pour chanter «La Marseillaise» à

   l'occasion de la grande parade révolutionnaire du 14 juillet 1989.

2. Le créateur des fêtes du Bicentenaire, Jean-Paul Goude, a exigé que la diva américaine

   _____ (*porter*), en guise de robe, un grand voile bleu, blanc, rouge.

3. Etant donné que l'ascenseur qui devait l'élever jusqu'au podium mobile sur lequel elle a chanté

   ne fonctionnait pas, il a fallu qu'on l'_____ (*aider*) à y monter.

4. Bien que le vent _____ (*se lever* [passé]), la silhouette de la cantatrice

   était très impressionnante.

5. Nous avons tous été surpris et touchés qu'elle _____ (*vouloir*

   [passé]) dédier «La Marseillaise» aux étudiants chinois morts quelques semaines plus tôt, alors

   qu'ils demandaient des réformes démocratiques dans leur pays.

6. Les voix de la foule qui l'entourait se sont jointes à la sienne jusqu'à ce qu'elle

   _____ (*finir* [passé]) de chanter.

Maintenant, expliquez pourquoi certains de ces verbes sont au passé du subjonctif.

_____

_____

Reprise

■ ■

Les notes d'un candidat politique. Faites des phrases complètes pour l'aider à écrire son prochain discours télévisé en utilisant les éléments ci-dessous. Utilisez des verbes *à l'indicatif, à l'infinitif, au subjonctif présent* ou *au subjonctif passé,* selon le cas.

> MODELE: m'élire / le jour des élections →
> Il faut que vous <u>m'élisiez le jour des élections</u>.

1. venir / ce soir

   Je suis content que vous _____.

2. prendre / nouvelles mesures

   Il est important que le gouvernement _____.

3. il est trop tard

   Réagissez avant qu'il ne _____.

4. mettre fin / chômage

   Il est nécessaire que nous _____.

5. arrêter / inflation

   Il est indispensable de _____.

6. pouvoir / vivre décemment

   Je veux que tout le monde _____.

7. avoir confiance en / leurs dirigeants (*leaders*)

   Il est temps que les Français _____.

8. vous dire / vérité

   J'espère que l'on _____.

9. faire un jour / tout cela

   Je doute que le président actuel _____.

10. être capable / améliorer / situation

    Mais personnellement, je pense que certaines personnes _____.

Pour écrire en français

■ ■

Indicating Relationships

> *To be a well-favored man is the gift of fortune; but to write and read comes by nature.*
> —*Shakespeare,* Much Ado About Nothing

To make your writing easier to follow, it is useful to draw your reader's attention to the relationships you establish among your ideas. Are you comparing two things? Are you giving an example to support a previous statement? Is the idea you are about to discuss related in some specific way to the preceding paragraph? Here are some words that will help you make these relationships and transitions easier.

TO INDICATE A CONNECTION IN TIME

d'abord / premièrement / pour commencer
puis / deuxièmement / ensuite
enfin / pour terminer
avant que + *subjonctif* / pendant (que) + *indicatif* / après (que) + *indicatif*

TO INDICATE CONTRAST OR OPPOSITION

alors que + *indicatif*	*whereas*
bien que + *subjonctif*	*although*
cependant / pourtant	*however, yet*
d'une part / d'autre part	*on the one hand / on the other*
malgré	*despite*
même si	*even if*
néanmoins	*nevertheless*

Note that the terms for contrast and for opposition will help you present your argument as well as criticize the opposing view.

Activités

A. Choisissez un sujet de rédaction présenté dans *Lectures littéraires, Variétés culturelles* ou dans ce cahier-ci.

Sujet possible: Pour ou contre le rôle des médias dans la vie actuelle

B. Précisez votre sujet et écrivez la thèse.

_____

_____

C. Organisez les différents arguments que vous allez utiliser.

_____

_____

_____

D. Faites un brouillon en faisant surtout attention aux liaisons entre les phrases et aux transitions entre les paragraphes. Apportez votre brouillon en classe.

E. Faites un travail de partenaires. Lisez le brouillon de votre partenaire en suivant ces instructions.

1. Soulignez tous les mots ou expressions de transition qui se trouvent dans le travail de votre partenaire.
2. Déterminez quel type de relation votre partenaire veut indiquer.
3. Dans les cas où la relation n'est pas claire, proposez-lui des solutions pour rendre les relations plus cohérentes.

F. Ecrivez la version finale de votre propre travail écrit.

LES SPECTACLES

CHAPITRE

PREMIERE PARTIE: EXERCICES ORAUX

A l'écoute

Skipping Unimportant Words

By now, you are listening to French spoken at a natural, everyday pace, yet no one expects you to understand every single word you hear. You can successfully understand the gist of many conversations by trying to recognize as many nouns, verbs, and adjectives as possible. These usually form the core of each sentence and convey the main ideas. In listening, you may often skip over less important words such as adverbs, prepositions, and conjunctions. These ordinarily introduce details not crucial for understanding the essential points of a conversation. Your goal should be to understand enough to answer correctly the questions following each dialogue, as they are a guide to its main ideas.

A propos de spectacles. Arrêtez la bande pour lire les phrases suivantes. Puis, entourez les mots les plus importants. Puis, relisez les mots entourés. Comprenez-vous l'idée essentielle de chaque phrase?

1. J'ai vu le dernier film de Michelle Pfeiffer et je l'ai trouvé très divertissant même si cela m'a semblé manquer de réalisme.
2. Gérard Depardieu est un excellent comédien qui joue régulièrement dans des films et dans des pièces de théâtre.
3. *Jazz* est un ouvrage collectif qui regroupe sous forme d'anthologie quarante ans des meilleurs interviews, reportages et articles qui ont marqué la littérature sur le jazz.

Marc et Janine veulent voir une pièce de théâtre. Regardez les dessins (page 124) et écoutez les renseignements et la conversation. Puis, arrêtez la bande pour répondre aux questions qui suivent. Entourez la lettre correspondant à la réponse correcte. (*Les réponses se trouvent en appendice.*)

1. A qui Marc téléphone-t-il?
   a. A des amis
   b. A la Comédie-Française
   c. Au restaurant «Chez François»

2. Qu'est-ce qu'on peut trouver à la boutique de la Comédie-Française?
   a. Une brochure
   b. Une pièce de théâtre pour la saison à venir
   c. Des billets de théâtre

3. Quelles sont les heures d'ouverture de la boutique?
   a. De 9 h 00 à 18 h 30
   b. De 11 h 00 à 17 h 30
   c. De 11 h 00 à 19 h 30

4. Les représentations vont recommencer…
   a. le 15 août.
   b. le 17 septembre.
   c. le 27 août.

5. Laquelle des façons de réserver n'est pas possible avant le 27 août?
   a. Par Minitel
   b. Par correspondance
   c. Par Internet

6. Qu'est-ce que Janine propose de faire ce soir?
   a. Marcher dans les rues de Paris
   b. Aller à un concert
   c. Aller au restaurant

Mots et expressions

■■■

Définitions. D'abord, écoutez la liste d'expressions ci-dessous. Puis, écoutez les descriptions qui suivent et trouvez dans la liste leur équivalent.

un acteur / une actrice
un compositeur / une compositrice
un metteur en scène
le public
un producteur / une productrice
un réalisateur / une réalisatrice

MODELE: une personne qui assure le financement d'un film →
          C'est un producteur, une productrice.

1. …   2. …   3. …   4. …   5. …

Structures

■■■

LES PRONOMS RELATIFS

A. **Qu'entendez-vous?** Ecoutez les phrases suivantes et encerclez *le pronom relatif* que vous entendrez.

MODELE: Paul Simon écrit des chansons dont les paroles doivent absolument être écoutées. →
          dont

1. qui   que   dont   où

2. qui   que   dont   où

3. qui   que   dont   où

4. qui   que   dont   où

5. qui   que   dont   où

6. qui   que   dont   où

B. Pariscope. Ecoutez les deux phrases et reliez-les en employant le pronom relatif *qui* ou *que.*

MODELE: Voilà un spectacle; le spectacle est intéressant. →
Voilà un spectacle qui est intéressant.

1. Voilà un film; il a aimé le film.
2. C'est une pièce; cette pièce est bien jouée.
3. Je connais une femme; cette femme est actrice.
4. C'est un acteur; nous admirons cet acteur.
5. Il a eu une idée; j'ai trouvé cette idée formidable.

C. Acteurs et actrices. Connaissez-vous les vedettes de cinéma suivantes? Ecoutez les questions suivantes. Faites des commentaires personnels sur ces célébrités en employant le pronom relatif *dont.* (*La réponse donnée est une réponse suggérée.*)

MODELE: Connaissez-vous les films de Catherine Deneuve? →
Oui, c'est une actrice dont je connais les films.
ou Non, c'est une actrice dont je ne connais pas les films.

1. …   2. …   3. …   4. …   5. …

LES PRONOMS RELATIFS INDEFINIS

Qu'est-ce qu'ils ont dit? D'abord, arrêtez la bande pour regarder les images ci-dessous. Puis, écoutez les phrases et trouvez l'image qui correspond à chaque commentaire.

1.   2.   3.

MODELE: Ce qui me passionne, c'est le théâtre. → C'est l'image numéro 3.

1. …   2. …   3. …   4. …   5. …

Les sons des mots

Caractéristiques du français parlé

A. La syllabation. En français une syllabe se termine d'habitude par le son d'une voyelle. Répétez.

A-la-ba-ma　　　　　　　　　Na-tha-lie
Ta-hi-ti　　　　　　　　　　Tu vas là-bas.
Ca-sa-blan-ca

B. Le rythme. Le rythme des mots de la phrase est très régulier. Répétez.

E-li-sa-beth
Ma-rie No-ëlle Gou-get
Le Ma-ni-to-ba est au Ca-na-da.

C. Les consonnes finales. La majorité des consonnes finales ne sont pas prononcées, mais *c, r, f* et *l* se prononcent assez souvent. Répétez.

Pa-ris　　　　　　　　　　Fré-dé-ri<u>c</u>
Ro-ger　　　　　　　　　　Ro-ca-ma-dou<u>r</u>
Ma-ne<u>t</u>　　　　　　　　　Châ-teau-neu<u>f</u>
Pé-ri-gord　　　　　　　　Mont-ré-a<u>l</u>

D. Entraînement auditif. Entourez d'un cercle les expressions que vous entendrez deux fois. (*Les réponses se trouvent en appendice.*)

MODELE:　entracte　(un acte)

1.　l'acteur qu'il a vu　　　　　　　l'acteur qu'elle a vu

2.　le film qu'on aime　　　　　　　le film que l'on aime

3.　la ville où il venait　　　　　　la ville d'où il venait

4.　C'est Luce qui arrive.　　　　　tout ce qui arrive

5.　n'importe lequel　　　　　　　n'importe laquelle

6.　Tu sais ce qui se passe?　　　　Tu sais ce qu'ils passent?

7.　la pièce qu'il a montée　　　　　la pièce qu'il a montrée

8.　Regardez le héros!　　　　　　Regardez les héros!

9.　Je vois ce qui se joue.　　　　　Je vois ce qu'il joue.

10.　Voici la vedette qu'ils ont invitée.　　Voici les vedettes qui l'ont invité.

Reprise

A. Devinettes: Célébrités. Nous sommes—ou nous étions—des célébrités dans le monde du spectacle français et mondial. D'abord, écoutez les noms et les professions.

_____ Juliette Binoche, actrice   _____ Catherine Deneuve, actrice

_____ Jean-Pierre Rampal, musicien   _____ Céline Dion, chanteuse

_____ Sophie Marceau, actrice   _____ Gérard Depardieu, acteur

Maintenant, écoutez les descriptions et devinez de qui il s'agit. (*Mettez le numéro de la description devant le nom correspondant. Les réponses se trouvent en appendice.*)

B. Dictée: Un concert intéressant. Ecoutez toute la dictée une première fois sans rien écrire. Ecoutez-la une deuxième fois et remplissez les blancs.

Bernadette _____[1] convaincre ses amies de l'accompagner à un concert de rock.

_____[2] est très connu en Europe, et

_____[3] disent qu'il est excellent. Le

genre _____[4] est le punk _____[5] les

origines sont très diverses. _____[6], c'est la musique

japonaise, mais _____[7] imite les rythmes africains.

_____[8] des vêtements

_____[9]. Le _____[10] féminin en a fait

son _____[11]. _____[12], c'est qu'il a fait de

nombreuses _____[13] dans lesquelles il n'y a pas d'agressivité.

Maintenant, écoutez la dictée une troisième fois pour vérifier vos réponses. (*Les réponses se trouvent en appendice.*)

C. Un poème. Ecoutez ce poème de Charles Baudelaire. Puis, répétez.

LA MUSIQUE

La musique souvent me prend comme une mer!
    Vers ma pâle étoile.
Sous un plafond de brume° ou dans un vaste éther,°   plafond... *ceiling of haze* / air pur
    Je mets à la voile;°   mets... *set sail*

La poitrine° en avant et les poumons gonflés°   chest / poumons... *lungs filled with air*
    Comme de la toile.°   de... *a sail*
J'escalade le dos des flots amoncelés°   flots... *banks of waves*
    Que la nuit me voile;°   me... *hides from me*

Je sens vibrer en moi toutes les passions
    D'un vaisseau° qui souffre;   bateau
Le bon vent, la tempête et les convulsions

    Sur l'immense gouffre°   *abyss*
Me bercent.° D'autres fois, calme plat, grand miroir   *rock*
    De mon désespoir!

DEUXIEME PARTIE: EXERCICES ECRITS

Mots et expressions
■■■

La voix de la raison. Complétez les phrases de façon logique avec les mots ci-dessous.

> compatissant *sympathetic*
> raisonnable *sensible*
> la sensibilité *sensitivity*
> (hyper)sensible *(overly) sensitive*
> sympathique *nice*
> sympathiser *to get on well together*

—Pourquoi n'as-tu pas aimé cette comédie?

—Parce qu'elle ridiculise la _____[1] et moi, je trouve que c'est une qualité précieuse.

—Allons, sois _____[2], tu exagères!

—Vraiment? Le héros fait semblant de _____[3] avec la jeune fille. La pauvre petite se

montre tellement _____[4] quand il lui raconte la mort de ses parents. Seulement,

dès qu'elle l'épouse, il s'enfuit, et avec la fortune de sa nouvelle femme.

—Et alors?

—Alors, c'est parce qu'elle est _____[5] à ses malheurs qu'elle accepte le mariage.

—Justement, on n'épouse pas quelqu'un par pitié. Personnellement, je le trouve beaucoup plus

_____[6] qu'elle, même s'il est hypocrite!

Structures
■■■

LES PRONOMS RELATIFS

A. Une soirée au théâtre. Reliez les deux phrases avec *qui* ou *que*. Attention à l'accord du participe passé.

1. J'ai vu la comédie; vous m'avez recommandé cette comédie.

   _____

2. Une personne m'a vendu le billet; cette personne ne pouvait pas assister à ce spectacle.

   _____

3. Voici mon ami; cet ami m'a accompagné au théâtre.

   _____

4. La musique a été composée pour la pièce; la musique nous a beaucoup plu.

_____

5. On a chanté des chansons; ces chansons étaient charmantes.

_____

6. C'était une bonne représentation; tout le monde a aimé la représentation.

_____

B. Cinéma et théâtre. Traduisez les phrases suivantes en français. Attention à l'accord du participe passé.

MODELES: Do you like the video I bought? →
Aimes-tu la vidéo que j'ai achetée?

It's the video that's on the table. →
C'est la vidéo qui est sur la table.

1. That's the actor I helped.

_____

2. That's the actor who helped me.

_____

3. Have you seen the play he liked?

_____

4. Have you seen the play that is a big success now?

_____

5. That's not the version we saw.

_____

6. It's the version that is dubbed.

_____

C. Au théâtre. Définissez les termes suivants. Formez des phrases à l'aide des expressions données et du pronom relatif _où_.

MODELE: la caisse / endroit / on / acheter / ses billets →
La caisse? C'est l'endroit où on achète ses billets.

1. le lever du rideau (_curtain_) / moment / la pièce / commencer

_____

2. l'entracte / moment / on / discuter en attendant la seconde moitié (_half_) de la pièce

_____

3. la scène / endroit / les événements / se dérouler (_unfold_)

_____

4. la salle / endroit / les spectateurs / être assis

_____

5. le dénouement / moment / tout / devenir clair

_____

D. Une pièce à succès. Reliez les deux phrases avec le pronom *dont*.

MODELE: Nous sommes allés voir une pièce. Tu nous avais parlé de cette pièce. →
Nous sommes allés voir la pièce dont tu nous avais parlé.

1. C'était une pièce à succès. On entendra longtemps parler de cette pièce.

_____

2. L'auteur compte participer au Festival d'Avignon. Le succès de l'auteur est assuré.

_____

3. La chanteuse est la femme du metteur en scène. Nous avons apprécié le talent de la chanteuse.

_____

4. Ce sont des acteurs inconnus. Nous entendrons bientôt parler de ces acteurs.

_____

5. En fait, c'était une bonne soirée. Je garderai un très bon souvenir de cette soirée.

_____

E. *Tous les matins du monde.* Complétez les phrases suivantes avec *les pronoms relatifs* qui conviennent.

Tous les matins du monde est un film _____[1] m'a beaucoup plu. L'acteur principal est un

homme _____[2] le père est très connu. C'est le fils de Gérard Depardieu _____[3] joue le rôle

principal dans le film.

Dans le film, Marin Marais, _____[4] est déjà assez vieux, est un musicien _____[5] le talent est

incontestable. Le film nous fait revenir en arrière, à l'époque _____[6] Marais cherche un professeur

de musique. Il rencontre un musicien _____[7] les deux filles sont aussi de très bonnes

musiciennes. Il décide d'étudier avec cet homme _____[8] est le type de musicien _____[9] Marin

Marais a besoin pour développer son propre talent. Le professeur accepte de travailler avec lui,

mais la personne _____[10] s'intéresse le plus au jeune homme est l'une des filles du professeur. Le

jeune Marin Marais se trouve alors dans une situation _____[11] il doit choisir entre l'amour de

cette jeune fille et la vie élégante à la cour de Louis XIV.

L'histoire _____[12] ce film raconte est très belle, mais aussi très triste. A propos, c'est un

film _____[13] vous pouvez louer en vidéocassette. C'est vraiment terrible de rencontrer des

gens _____[14] vous parlent d'un film _____[15] vous n'avez pas encore vu, vous ne trouvez pas?

LES PRONOMS RELATIFS INDEFINIS

A. Qui a dit quoi? Ces gens (page 132) ont envie de se plaindre (*complain*). Expliquez leurs problèmes en complétant leurs propos avec *le pronom relatif indéfini* qui convient. Ensuite, décidez quel(s) personnage(s) aurait (auraient) pu dire une chose pareille (*such a thing*).

MODELE: <u>Ce que</u> je déteste, c'est que les acteurs ne m'écoutent pas. C'<u>est le metteur en scène.</u>

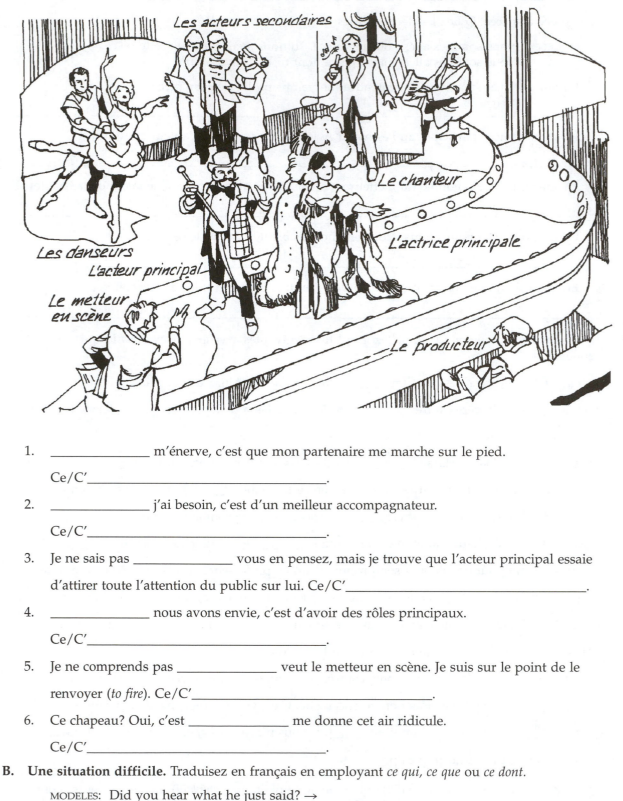

1. _____ m'énerve, c'est que mon partenaire me marche sur le pied.

    Ce/C'_____.

2. _____ j'ai besoin, c'est d'un meilleur accompagnateur.

    Ce/C'_____.

3. Je ne sais pas _____ vous en pensez, mais je trouve que l'acteur principal essaie
    d'attirer toute l'attention du public sur lui. Ce/C'_____.

4. _____ nous avons envie, c'est d'avoir des rôles principaux.

    Ce/C'_____.

5. Je ne comprends pas _____ veut le metteur en scène. Je suis sur le point de le
    renvoyer (to fire). Ce/C'_____.

6. Ce chapeau? Oui, c'est _____ me donne cet air ridicule.

    Ce/C'_____.

B. Une situation difficile. Traduisez en français en employant *ce qui*, *ce que* ou *ce dont*.

    MODELES: Did you hear what he just said? →
               Avez-vous entendu ce qu'il vient de dire?

That's what we're talking about! →
C'est ce dont nous parlons!

1. He doesn't know what he wants.

   _____

2. He says that what interests him most is the plot.

   _____

3. But he doesn't understand that what is even more important is the choice of the actors.

   _____

4. I'd like to know what we have to do.

   _____

5. This is all (**tout**) we've been talking about for three weeks.

   _____

6. What he needs is another producer.

   _____

7. I hope he will do what I want.

   _____

Reprise

A. Que savez-vous du Festival d'Avignon? Complétez la description en employant les pronoms relatifs *qui* ou *que*.

Avignon est une ville _____¹, depuis des siècles, attire poètes et artistes de tout genre. Mistral, Daudet, Pagnol, Giono, tout autant que Van Gogh et Pétrarque, sont des noms _____² viennent à l'esprit quand on pense à la Provence, cette région _____³ ils ont tous peinte ou chantée. C'est le Festival d'Avignon _____⁴ rassemble auteurs et acteurs de toute nationalité. Avignon a la réputation d'être le siège du plus grand festival de théâtre _____⁵ existe au monde. Chaque été, la ville ouvre son Palais, ses églises et ses places aux spectacles _____⁶ s'y jouent. Les pièces les plus appréciées _____⁷ l'on peut voir sont celles de Shakespeare, de Brecht, de Sophocle, de Tchekhov… entre autres.

B. Au Festival d'Avignon. Complétez les phrases suivantes en employant les pronoms relatifs définis (*qui, que, dont, où*) qui s'imposent.

Au Festival d'Avignon, il y a de grands spectacles mais il y a aussi de petites pièces de théâtre _____¹ sont moins connues.

Une fois j'ai vu une pièce _____² tout le monde parlait et _____³ s'appelait *Grasse matinée*. Chaque représentation avait lieu dans une toute petite salle de théâtre _____⁴ il n'y avait que cinquante places. Les deux acteurs _____⁵ jouaient dans cette pièce étaient très drôles, d'autant plus que les rôles _____⁶ ils jouaient étaient pour des femmes! Cette pièce, _____⁷ je me souviens encore, mettait en scène deux vieilles amies déjà mortes _____⁸ se disputaient tout le temps. C'était vraiment un spectacle _____⁹ je n'oublierai jamais. Et je n'oublierai pas non plus le festival _____¹⁰ je l'ai vu.

C. Une mutinerie. Les acteurs ne sont pas d'accord avec le metteur en scène. Complétez leurs répliques avec des pronoms relatifs indéfinis (*ce que, ce qui, ce dont*).

MODELE: LE METTEUR EN SCENE: Il vaudrait mieux vous arrêter à cet endroit précis.
LES ACTEURS: Ce qu'il faudrait, c'est une marque par terre!

1. Il faut absolument que vous parliez plus fort.

   _____ nous avons besoin, c'est d'un nouveau système sonore!

2. Il ne faut pas vous placer devant cet acteur!

   _____ serait plus pratique, c'est de lui dire de se mettre ailleurs!

3. Il est important qu'on vous entende au fond de la salle.

   _____ est important, c'est que les critiques nous entendent!

4. Que voudriez-vous, au juste?

   _____ nous voudrions ne vous regarde pas!

5. Ne touchez pas à cette porte! Elle ne tient pas bien!

   _____ il faudrait, c'est un nouveau décor!

6. Rien ne vous plaît ici! Avez-vous besoin d'autre chose?

Ah oui! _____ nous avons vraiment besoin, c'est d'un nouveau metteur

en scène!

Pour écrire en français

■■

Writing Different Kinds of Sentences

> " . . . it is perhaps as difficult to write a good life as to live one."
> —Lytton Strachey

One way to develop the sophistication of your writing in French is to vary the structure of sentences in your compositions. In first-year writing, students often feel comfortable only when they write simple sentences (with one subject and one conjugated verb). Using both simple and complex sentences (with two separate subjects and two conjugated verbs, perhaps connected by **qui, que, dont, où, parce que, si,** etc.) is one strategy that will stretch your writing beyond the first-year level into the intermediate range. Also, you may use different punctuation patterns (, = **une virgule,** ; = **un point-virgule,** : = **deux points,** and — = **un tiret**) to help you vary the structure of longer sentences. Your writing will be livelier and more inviting if your sentence structure and punctuation are varied and really suit the ideas you're presenting.

Activités

A. Choisissez un sujet de rédaction présenté dans *Lectures littéraires, Variétés culturelles* ou dans ce cahier-ci.

Sujet possible: Aller au cinéma ou louer des films? Avantages et inconvénients

B. Ecrivez une phrase très simple où vous présentez votre thèse. Ecrivez une deuxième phrase simple qui résume votre opinion à ce sujet. Proposez alors votre thèse en joignant ces deux phrases en une phrase complexe.

_____

_____

_____

C. Faites un brouillon et apportez-le en classe.

D. Faites un travail de partenaires. Lisez le brouillon de votre partenaire en suivant ces instructions.

1. Identifiez toutes les phrases complexes qui contiennent des pronoms relatifs. En comprenez-vous bien le sens?
2. Proposez un autre endroit où votre partenaire pourrait améliorer son style en combinant plusieurs de ses idées.

E. Maintenant, améliorez votre propre brouillon.

 **E TEMPS DE VIVRE**   CHAPITRE

PREMIERE PARTIE: EXERCICES ORAUX

A l'écoute

Listening to Intonation

The rise and fall of a voice in French (**intonation**) can be a big help in understanding what's being said. As you would expect, French-speaking voices fall at the end of sentences and information questions (**Quand… ? Où… ? Avec qui… ?**, etc.). They rise at the end of yes/no questions (*e.g.,* **Parlez-vous français?**). In French, listen especially for a rising intonation followed by a very brief pause and then a continuation of the utterance. The speaker is expressing one thought with two or more parts. Try to listen to each segment separately rather than to the whole sentence all at once. If you can tell whether you've just heard a question or a statement and if you know something about its nature (*e.g.,* information question? yes/no question? an exclamation?), you'll understand more and you'll be better able to predict what's to come.

C'est dur de tomber. Ecoutez les propos suivants. Indiquez si l'intonation monte ou descend (*intonation montante* = question à réponse *oui* ou *non* ou suite d'une pensée; *intonation descendante* = question d'information ou fin d'une pensée). (*Les réponses se trouvent en appendice.*)

1. Est-ce que tu skies un peu? _____

2. Il y a un petit problème, car ses skis ne sont pas tout à fait droits. _____

3. Quand est-ce que tu vas recommencer à skier? _____

Paul et Chantal regardent La Coupe du monde de ski à la télévision. Ecoutez la conversation et le reportage une ou deux fois. Puis, arrêtez la bande pour lire les phrases qui suivent et pour décider si elles sont *vraies* ou *fausses*. (*Les réponses se trouvent en appendice.*)

1. Le championnat a lieu à Garmisch, en Allemagne.   V   F

2. Renato, l'Italien a fait le saut (*jump*) le plus long.   V   F

3. Le saut de Renato mesure 144 mètres.   V   F

4. Paul skiait quand il avait 4 ans.   V   F

5. L'Allemand est tombé.   V   F

6. Paul va recommencer à faire du ski.   V   F

Mots et expressions

■■

Familles de mots. D'abord, arrêtez la bande pour lire la liste d'expressions ci-dessous. Puis, écoutez les termes prononcés, et trouvez dans la liste les expressions tirées de la même famille de mots.

se blesser   faire du patinage
courir   fumer
s'entraîner   gêner

MODELE: l'entraînement → s'entraîner

1. …   2. …   3. …   4. …   5. …

Structures

■■

LE FUTUR ANTERIEUR

A. **Transformations.** Ecoutez les verbes prononcés et mettez-les *au futur antérieur.*

MODELE: tu sauras → tu auras su

1. …   2. …   3. …   4. …   5. …   6. …

B. Prédictions. Qu'est-ce qui se sera passé dans un an? Ecoutez les phrases suivantes et mettez les verbes *au futur antérieur.*

> MODELE: J'obtiens mon diplôme. → J'aurai obtenu mon diplôme.

1. ... 2. ... 3. ... 4. ... 5. ...

LE CONDITIONNEL PASSE

Conséquences possibles. Ecoutez les phrases suivantes et décrivez les conséquences possibles en mettant les verbes *au conditionnel passé.*

> MODELES: J'ai voulu te voir ce week-end. → J'aurais voulu te voir ce week-end.
>
> Tu as rencontré mon frère. → Tu aurais rencontré mon frère.

1. ... 2. ... 3. ... 4. ... 5. ... 6. ...

LA CONCORDANCE DES TEMPS: RECAPITULATION

A. Proverbes. Ecoutez le proverbe, puis transformez-le en une phrase de condition. Utilisez *l'imparfait* et *le conditionnel* selon le modèle.

> MODELE: Si on ne dit mot, on consent. → Si on ne disait mot, on consentirait.

1. Si on veut la fin, on veut les moyens.
2. Si on paie ses dettes, on s'enrichit.
3. Si on peut le plus, on peut le moins.
4. Si on va à la chasse, on perd sa place.

B. Qu'est-ce que nous aurions fait? Ecoutez les débuts de phrase suivants et complétez-les avec l'activité logique. Employez *le plus-que-parfait* et *le conditionnel passé* selon le modèle. (*La réponse donnée est une réponse suggérée.*)

> MODELE: S'il avait fait froid, tu...? (regarder la télé *ou* sortir?) →
> S'il avait fait froid, tu aurais regardé la télé.

1. jouer au golf *ou* lire un magazine?
2. aller à la piscine *ou* faire du ski?
3. faire du patinage *ou* aller au gymnase?
4. rester à la maison *ou* se promener?
5. écouter de la musique *ou* courir?

Les sons des mots

■■■

L'INTONATION

A. A l'affirmatif, l'intonation descend dans les phrases courtes. Répétez.

> Paul ne sait pas.
>
> Venez à Nice.
>
> On fait comme ça.

B. A l'affirmatif, l'intonation monte et puis descend dans les phrases longues. Elle peut monter plusieurs fois après chaque groupe rythmique, mais descend toujours à la fin de la phrase. Répétez.

Marie-Noëlle aime le thé.

Marie-Noëlle boit du thé mais Denis préfère le café.

Ils vont peut-être se marier en été.

C. A l'interrogatif, l'intonation monte s'il est possible de répondre à la question par un simple *oui* ou *non*. Répétez.

Connais-tu l'Algérie?

Est-ce qu'elle va en Tunisie?

D. A l'interrogatif, l'intonation descend pour les questions d'information: *quand, où, comment,* etc. Répétez.

Qui téléphone à La Rochelle?

Où se trouve le Grand Hôtel?

E. **Entraînement auditif.** Entourez d'un cercle les mots que vous entendrez deux fois. (*Les réponses se trouvent en appendice.*)

MODELE: elles auraient gagné   (elle aurait gagné)

1. je m'étais levé   je m'étais lavé

2. nous serons partis   nous serions partis

3. vous aurez vu   vous auriez vu

4. j'aurais vu   j'aurais pu

5. tu serais entré   tu seras rentré

6. ils auraient eu   ils auraient su

7. ils avaient pu   il avait pu

8. nous nous serons trompés nous nous serions trompés

9. il aurait pris   il aura pris

10. elle aura aimé   elle aurait aimé

Reprise

A. **Devinettes: Par rapport au sport.** D'abord, arrêtez la bande pour regarder les images ci-dessous (page 141). Maintenant, écoutez les descriptions données et devinez de qui ou de quoi il s'agit.

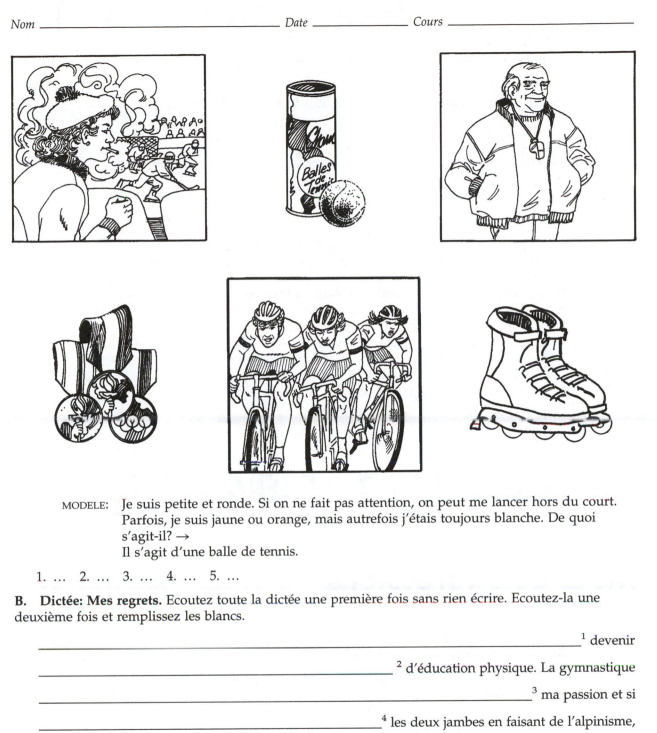

MODELE: Je suis petite et ronde. Si on ne fait pas attention, on peut me lancer hors du court. Parfois, je suis jaune ou orange, mais autrefois j'étais toujours blanche. De quoi s'agit-il? →
Il s'agit d'une balle de tennis.

1. … 2. … 3. … 4. … 5. …

B. Dictée: Mes regrets. Ecoutez toute la dictée une première fois sans rien écrire. Ecoutez-la une deuxième fois et remplissez les blancs.

_____[1] devenir

_____[2] d'éducation physique. La gymnastique

_____[3] ma passion et si

_____[4] les deux jambes en faisant de l'alpinisme,

mon rêve _____[5], j'en suis certaine.

_____[6] cette journée stupide au Mont-Blanc et tout

_____[7] pour moi. Si seulement

_____[8] qu'il

_____[9] des avalanches! Quoi qu'il en soit, je continue à

_____[10] et je _____[11]. Je

_____[12] et c'est ce qui compte!

Maintenant, écoutez la dictée une troisième fois pour vérifier vos réponses. (*Les réponses se trouvent en appendice.*)

C. **Un poème en prose.** Ecoutez ce poème de Charles Baudelaire. Puis, répétez.

ENIVREZ-VOUS

Il faut être toujours ivre.° Tout est là: c'est l'unique question.   *drunk*
Pour ne pas sentir l'horrible fardeau° du Temps qui brise vos   *burden*
épaules et vous penche° vers la terre, il faut vous enivrer sans   *et… and bends you down*
trêve.°   *sans… ceaselessly*
        Mais de quoi? De vin, de poésie ou de vertu, à votre   *à…comme vous voulez*
guise.° Mais enivrez-vous.
        Et si quelquefois, sur les marches d'un palais, sur l'herbe
verte d'un fossé,° dans la solitude morne° de votre chambre,   *ditch* / triste
vous vous réveillez, l'ivresse déjà diminuée ou disparue,
demandez au vent, à la vague, à l'étoile, à l'oiseau, à l'horloge,
à tout ce qui° fuit, à tout ce qui gémit,° à tout ce qui roule, à   *tout… all (things) that . . . /moans*
tout ce qui chante, à tout ce qui parle, demandez quelle heure
il est; et le vent, la vague, l'étoile, l'oiseau, l'horloge, vous
répondront: «Il est l'heure de s'enivrer! Pour n'être pas les
esclaves martyrisés° du Temps, enivrez-vous sans cesse!   *tortured*
De vin, de poésie ou de vertu, à votre guise.»

DEUXIEME PARTIE: EXERCICES ECRITS

Mots et expressions

Une bonne résolution. Paul a décidé de faire plus de sport. Complétez les phrases de façon logique avec les verbes ci-dessous. Attention aux temps des verbes.

> connaître *to know, be familiar with*
> entendre parler de *to hear about*
> faire la connaissance (de) *to meet (for the first time)*
> (se) retrouver *to meet (each other) (planned meeting)*
> savoir *to know (that or how to)*

Bien sûr que je veux être en forme! Et je/j'_____¹ un endroit

parfait pour faire du sport. La semaine dernière, je/j'_____² d'un

centre de sport qui s'appelle «Gymnase Club», et mes amis et moi _____³

là-bas samedi prochain. Nous ferons de l'aérobic ensemble, et nous _____⁴

d'autres jeunes comme nous. Je/J'_____⁵ que ce sera un peu dur au

début, mais après tout, la santé c'est super important!

Structures

■■■

LE FUTUR ANTERIEUR

A. Ces étudiants sont-ils sportifs? Complétez les phrases en mettant les verbes entre parenthèses *au futur antérieur.*

1. Jeanne fera un marathon quand elle _____ (*finir*) de s'entraîner.

2. Antoine partira à Val-d'Isère dès qu'il _____ (*acheter*) de

    nouveaux skis.

3. Anne et Christian retourneront à leurs places au stade dès qu'ils

    _____ (*manger*) leurs hot-dogs.

4. Une fois qu'Abdul et Martin _____ (*arriver*) au bord de la mer, ils

    feront de la planche à voile.

5. Nous partirons aussitôt que nous _____ (*terminer*) le match.

6. Marc regardera le match dès qu'il _____ (*trouver*) la télécommande.

Maintenant, relisez les phrases ci-dessus et indiquez lesquels de ces étudiants sont les plus actifs. Et vous? Etes-vous actif/active ou plutôt paresseux/paresseuse en ce qui concerne le sport?

_____

_____

_____

B. Une journée bien remplie. Deux camarades de chambre discutent de leurs projets du lendemain (*next day*). Transformez les phrases pour que les événements s'enchaînent. Utilisez *le futur antérieur* et *le futur simple.*

MODELES: Je me réveille. Nous allons en ville. →
          Quand je me serai réveillé(e), nous irons en ville.

          Nous y allons. Tu écris une lettre. →
          Quand nous y serons allés, tu écriras une lettre.

          Tu en écris une. Tu téléphones à Florence. →
          Quand tu en auras écrit une, tu téléphoneras à Florence.

1. Tu lui téléphones. Tu retrouves Florence.

    _____

2. Tu la retrouves. Vous jouez au tennis.

    _____

3. Vous y jouez. Elle va en ville.

    _____

4. Elle y va. Nous faisons une partie de Scrabble.

   _____

5. Nous en faisons une. Nous nous dépêchons de manger un sandwich.

   _____

6. Nous nous dépêchons d'en manger un. Nous voyons un film.

   _____

7. Nous en voyons un. Tu rentres chez toi.

   _____

LE CONDITIONNEL PASSE

A. Un sondage. Voici les résultats d'un sondage sur les Français et leur choix de vacances. Mettez les verbes en italique *au conditionnel passé,* puis estimez quel pourcentage d'Américains aurait fait la même chose.

S'ils avaient pris les vacances de leur choix,

1. trente-trois pour cent (33 %) des Français ___*seraient allés*___ (aller) chez des parents

   (*relatives*). J'estime que ____% des Américains _____ (aller) chez des parents.

2. dix-huit pour cent des Français _____ (partir) en location (*to stay in rented*

   lodgings). J'estime que ____% des Américains _____ (partir) en location.

3. vingt pour cent des Français _____ (faire) du camping en caravane. J'estime

   que ____% des Américains _____ (faire) du camping en caravane.

4. et dix-sept pour cent des Français _____ (descendre) dans des hôtels, ou bien

   ils _____ (choisir) d'autres modes d'hébergement (*lodging*). J'estime que ____%

   des Américains _____ (choisir) d'autres modes d'hébergement.

B. Regrets. Votre copain/copine et vous venez de passer des vacances ensemble. Vous aviez espéré passer quelques jours dans un petit village alpin, mais cela n'a pas marché. En utilisant le vocabulaire des trois colonnes, faites des phrases qui expriment vos regrets.

nous	rester dans l'auberge	y avoir une auberge de jeunesse dans le village
tu	faire des économies	organiser des excursions
je	faire du camping	prendre la pension complète
	faire du ski d'été sur les glaciers	savoir que nos amis étaient là
	aller à la montagne	t'accompagner
	faire du bateau à voile	connaître le moniteur
	pouvoir passer par l'auberge	apporter des skis

MODELE: Nous aurions pu passer par l'auberge si nous avions su que nos amis étaient là.

1. _____

   _____

2. _____

   _____

3. _____

   _____

4. _____

   _____

5. _____

   _____

6. _____

   _____

LA CONCORDANCE DES TEMPS: RECAPITULATION

Hier, aujourd'hui et demain. Une championne des Jeux olympiques rencontre une jeune fille qui compte devenir championne un jour. Reconstituez leur conversation d'après le modèle.

MODELE: jouer bien/être championne →

LA CHAMPIONNE: Si tu joues bien, tu seras championne aussi.

LA JEUNE FILLE: Tu crois vraiment que si je jouais bien, je serais championne?

LA CHAMPIONNE: Oui, je le crois, et si la perdante avait bien joué, elle aurait été championne à ma place.

1. ne pas perdre confiance / jouer bien

   LA CHAMPIONNE: _____

   _____

   LA JEUNE FILLE: _____

   _____

   LA CHAMPIONNE: _____

   _____

2. ne pas se blesser / faire des progrès

   LA CHAMPIONNE: _____

   _____

   LA JEUNE FILLE: _____

   _____

   LA CHAMPIONNE: _____

   _____

3. apprendre tous les mouvements / avoir beaucoup de grâce

LA CHAMPIONNE: _____

_____

LA JEUNE FILLE: _____

_____

LA CHAMPIONNE: _____

_____

Reprise

■■■

A. L'entraînement. Michel veut devenir un joueur de tennis professionnel. Complétez les réponses de son entraîneur en utilisant les termes donnés et *le futur antérieur,* en suivant le modèle.

MODELE: MICHEL: Quand est-ce que je commencerai à m'entraîner? (*déjeuner*) →
L'ENTRAINEUR: Quand tu auras déjeuné.

1. Quand est-ce que je déjeunerai? (*assez jouer*)

_____

2. Quand est-ce que je verrai mes amis? (*se téléphoner*)

_____

3. Quand est-ce que j'irai me coucher? (*faire du bon travail*)

_____

4. Quand est-ce que je ferai de la compétition? (*finir ton entraînement*)

_____

5. Quand est-ce que j'irai à Wimbledon? (*devenir un champion*)

_____

B. Ah! Les vacances. Pensez à vos projets de vacances. Que ferez-vous lorsque vous aurez terminé l'année scolaire? Complétez les phrases de façon logique, en utilisant *le futur simple* ou *le futur antérieur* selon le cas.

1. Je trouverai un bon emploi lorsque _____

_____

2. Quand _____,

je travaillerai tous les jours.

3. Aussitôt que _____,

j'irai à la piscine avec des copains.

4. Nous _____,

   dès que nous aurons fini nos longueurs (*laps*) de piscine.

5. Après que nous _____,

   nous irons manger une pizza ensemble.

C. Ah, si j'avais pu... Regardez le dessin et mettez les verbes en italique *au plus-que-parfait* ou *au conditionnel passé.*

	Henriette		Martin		Christophe
Paul		Véronique		Claire	

CHRISTOPHE: Ah, s'il _____ [1] (*faire*) beau, je/j'_____ [2] (*jouer*) au

tennis.

HENRIETTE: Je/j'_____ [3] (*être*) une championne de ping-pong, si

je/j'_____ [4] (*apprendre*) à jouer.

PAUL: Si je _____ [5] (*ne... pas faire*) tant de musculation, je

_____ [6] (*ne... pas gagner*) le concours Monsieur Côte d'Azur.

VERONIQUE: Si je _____ [7] (*ne... pas aller*) à la plage, je _____ [8] (*ne... pas

rencontrer*) Paul...

MARTIN: Je/J'_____ [9] (*faire*) plus de marche à pied si ce livre

le/l'_____ [10] (*recommander*).

CLAIRE: Si je/j'_____ [11] (*savoir*) que Christophe était prof de tennis,

je/j'_____ [12] (*suivre*) un cours avec lui.

D. Sports et loisirs. Complétez les phrases suivantes de façon logique avec un verbe *au présent, au futur simple* ou *au conditionnel* (*présent* ou *passé*).

1. Si j'ai un jour de congé par semaine, _____

   _____ .

2. Si j'avais commencé à jouer au tennis quand j'avais huit ans, _____

   _____ .

3. Si je faisais parfois une randonnée en montagne, _____

   _____ .

4. _____ s'il ne

   pleuvait pas tous les week-ends.

5. _____ si mes

   amis m'avaient invité(e).

6. _____ si on

   avait pu aller à la piscine hier.

E. Les risques du sport. Choisissez dans la première colonne les sports que font vos amis et vos parents, et ceux que vous faites vous-même. Écrivez des phrases en tenant compte des risques que vous encourez en pratiquant ces sports.

LES SPORTS	LES RISQUES
le tennis	une tendinite
le vélo	des crampes
le bateau	des blessures
le jogging	un coup de soleil
le football américain	de la déshydratation
le basket-ball	des problèmes de dos
la course à pied	des problèmes de tendons du genou
?	?

MODELE: Moi, je fais du tennis et si je ne faisais pas attention, je pourrais avoir des problèmes de tendons du genou.

1. _____

2. _____

3. _____

4. _____

5. _____

6. _____

7. _____

8. _____

Pour écrire en français

▪▪

Telling a Story

> *In Jewish tradition, stories are a way of changing people. If you tell the right story to the right person at the right moment, it can transform them.* —Rodger Kamenetz

In addition to writing argumentative compositions, we also write to narrate a story. We may choose to tell true stories or imagined ones. What's important in either case is to decide what the point of our story is. Is our goal to make the reader feel an emotion such as fear, courage, frustration, or joy? Do we want our readers to laugh? to reflect on a personal belief or philosophy that is tied to certain events in our life? Are we writing to reveal a character's personality traits through his/her actions? Once we know why we're writing our story, we can choose the narrative elements that will convincingly support our main idea.

Activités

A. Choisissez un sujet de rédaction présenté dans *Lectures littéraires*, *Variétés culturelles* ou dans ce cahier-ci.

> *Sujets possibles*: Si j'avais commencé à faire du sport à l'âge de 4 ans,... *ou*
> Les Jeux olympiques et moi *ou*
> La santé (*ou*: Ma santé) en l'an 2020

B. Réfléchissez à l'idée que vous voulez communiquer et écrivez la thèse de votre rédaction.

_____

_____

C. Faites un brouillon. Racontez au moins trois événements ou actions qui soutiennent l'objectif de votre narration. N'oubliez pas d'utiliser le futur antérieur et le futur simple pour décrire les actions futures certaines et le conditionnel pour les actions possibles.

D. Contrôlez les dix points couverts dans la liste à la page 100.

E. En cours, faites un travail de partenaires:

1. Identifiez la thèse de la rédaction que vous lisez.
2. Mentionnez une chose que vous appréciez dans le travail de votre partenaire (le vocabulaire est riche, approprié / il y a une grande variété de verbes / la première phrase m'a donné envie de lire la suite / le sujet est original, etc.).
3. Faites-lui une ou plusieurs suggestion(s).

LE FRANÇAIS DANS LE MONDE

CHAPITRE **10**

PREMIERE PARTIE: EXERCICES ORAUX

A l'écoute

Anticipating Content (Reprise)

One of the strategies good listeners use most often is predicting what they will hear. Before listening to the next conversation, study the drawings (page 152) and read the introduction and the comprehension questions that follow. Try to imagine what the characters are talking about based on these three sources. Then as you listen, correct your hypotheses if need be, to correspond to the new information you hear. Even if some of your ideas turn out to be incorrect, you will still understand more of what is said than you would if you had listened without using this strategy.

Radio Internationale. D'abord, arrêtez la bande pour regarder les dessins ci-dessous (page 152). Lisez aussi l'introduction à la situation et les questions qui la suivent. Puis, la bande toujours arrêtée, répondez aux questions suivantes avant d'écouter la conversation.

1. Décrivez les personnes que vous voyez sur l'image. Où sont-elles? Que font-elles?

   _____

   _____

2. Est-ce que les éléments suivants joueront un rôle principal ou secondaire dans cette histoire? Mettez un *P* ou un *S* pour indiquer vos choix.

   ____ le livre   ____ l'ordinateur   ____ les haut-parleurs

3. Est-ce que les jeunes parlent de l'Europe ou de l'Afrique? Comment le devinez-vous?

   _____

   _____

Antoine a besoin d'informations. Martine est une internaute expérimentée. Ecoutez la conversation et l'émission une ou deux fois, puis arrêtez la bande pour répondre aux questions qui suivent. Entourez la lettre correspondant à la réponse correcte. (*Les réponses se trouvent en appendice.*)

RADIO INTERNATIONALE ACTUALITÉS AFRIQUE EN CONTINU

Les heures sont en TU (Temps Universel)

Ce matin en Afrique

    06 h 30

    07 h 30

    08 h 30

Ce soir en Afrique

    19 h 30

    20 h 30

    21 h 30

R I AFRIQUE

1. Qu'est-ce qu'Antoine doit préparer pour son cours d'histoire-géo?
   a. Un devoir écrit   b. Un exposé oral   c. Un examen

2. Quel est le sujet de ce travail?
   a. La France   b. Les Etats-Unis   c. Un pays francophone

3. Qu'est-ce que Martine fait, grâce à Internet?
   a. Elle regarde des vidéos.
   b. Elle écoute la radio.
   c. Elle écrit à ses amis.

4. Comment s'appelle l'émission dont elle parle?
   a. «Ce soir en Afrique»
   b. «Ce matin en Afrique»
   c. «Afrique Magazine»

5. Où est-ce qu'il y aura des élections l'année prochaine?
   a. Au Sénégal   b. Au Cameroun   c. Au Mali   d. En Algérie

6. Où est-ce qu'Antoine a envie de voyager?
   a. En Afrique du Sud
   b. En Asie
   c. En Afrique du Nord

Mots et expressions

■■

Identifications. D'abord, arrêtez la bande pour lire la liste d'expressions ci-dessous. Puis, écoutez les termes suivants et trouvez dans la liste l'expression tirée de la même famille de mots.

en voie de développement   s'intégrer
s'établir   le Maghreb
immigrer   le multiculturalisme

MODELE: maghrébin → le Maghreb

1. …   2. …   3. …   4. …   5. …

Structures

■■

LES PREPOSITIONS AVEC LES NOMS GEOGRAPHIQUES

A.   Itinéraire de rêve. Quels endroits espérez-vous visiter un jour? Ecoutez les noms géographiques et répondez selon les modèles. Attention à l'emploi de l'article défini.

MODELES: Sénégal → J'espère visiter le Sénégal.

Genève → J'espère visiter Genève.

1. …   2. …   3. …   4. …   5. …

B.   Des polyglottes. Les gens suivants voudraient parler la langue étrangère indiquée. Où doivent-ils aller pour l'apprendre? Ecoutez les phrases suivantes et répondez selon le modèle en utilisant le nom d'endroit suggéré.

MODELE: Clotilde voudrait parler japonais. (Japon) → Elle doit aller au Japon.

1. Russie   5. Danemark

2. Etats-Unis   6. Ecosse

3. Paris   7. Israël

4. La Nouvelle-Orléans   8. Egypte

LA NEGATION

Pas du tout. Ecoutez les phrases suivantes et mettez-les *à la forme négative* en employant les adverbes suggérés.

MODELE: Gérard connaît le Maroc. (ne... pas) → Gérard ne connaît pas le Maroc.

1. ne... plus

2. ne... pas du tout

3. ne... guère

4. ne... pas encore

5. ne... toujours pas

6. ne... que

7. ne... jamais

LES ADJECTIFS ET PRONOMS INDEFINIS

A. A l'aéroport. Ecoutez les phrases suivantes, puis remplacez *les adjectifs indéfinis + nom* avec *les pronoms indéfinis* qui s'imposent. Suivez les modèles.

MODELES: Plusieurs aéroports sont internationaux. → Plusieurs sont internationaux.

Quelques employés sont bilingues. → Quelques-uns sont bilingues.

1. ...   2. ...   3. ...   4. ...   5. ...

B. Au contraire! Jacques et Gilles ne sont pas d'accord. Chaque fois que Jacques constate quelque chose, Gilles dit le contraire. Ecoutez les phrases de Jacques, puis jouez le rôle de Gilles en suivant les modèles.

MODELES: Tout le monde est venu. (personne ne...) → Personne n'est venu.

Nous avons vu quelqu'un. (ne... personne) → Nous n'avons vu personne.

1. ne... rien

2. rien ne...

3. personne ne...

4. ne... personne

5. aucun de... ne...

6. ne... aucun

QUELQUES CONJONCTIONS

En Amérique du Nord. Beaucoup d'étudiants étrangers choisissent d'aller aux universités canadiennes et américaines. Ecoutez les phrases suivantes, puis décrivez certains de ces gens en employant *les conjonctions* suggérées.

MODELE: Ils viennent d'Europe et d'Asie. (et... et...) → Ils viennent et d'Europe et d'Asie.

1. soit... soit...

2. soit... soit...

3. ne... ni... ni...

4. ne... ni... ni...

5. ni... ni... ne...

Les sons des mots

A. L'accent de durée. La dernière syllabe d'un mot ou d'un groupe rythmique est toujours un peu plus longue. Attention: Le son n'est pas prononcé avec une voix plus forte. Répétez.

les mathéma<u>tiques</u>

l'universi<u>té</u>

Il va en Amérique du <u>Sud</u>.

B. Les signes diacritiques. Les accents aigu (´), grave (`), circonflexe (ˆ), la cédille (ç) et le tréma (¨) déterminent la prononciation. Répétez.

montré	montre	ça	cas
préfère	préférer	façon	flacon
hôte	hotte	thaï	tait

Ils peuvent aussi indiquer une différence de sens.

où (*where*)   ou (*or*)   là (*there*)   la (*the, it*)

C. Entraînement auditif. Encerclez les mots que vous entendrez deux fois. (*Les réponses se trouvent en appendice.*)

MODELE: persan   (personne)

1. tous les bois   tu les bois
2. pas un livre   passe un livre
3. jamais de photos   je mets deux photos
4. immigrants   immigrons
5. certains coûtent cher   certaines coûtent cher
6. personne n'a répandu   personne n'a répondu
7. quelqu'un   quel coin
8. quelques-uns   quel cousin
9. je préfère Québec   je préfère le Québec
10. chaque ami   Jacques a mis

Reprise

A. Devinettes: Présence de la langue française. Ecoutez les noms suivants avant de commencer cet exercice.

_____ l'Acadie   _____ la Suisse

_____ Haïti   _____ le Viêt-nam

_____ le Luxembourg

Maintenant, écoutez chaque description et devinez de quel endroit il s'agit. (*Mettez le numéro de la description devant le nom du pays correspondant. Les réponses se trouvent en appendice.*)

B. Dictée: Voyage autour du monde. Ecoutez toute la dictée une première fois sans rien écrire. Ecoutez-la une deuxième fois et remplissez les blancs.

Un jeune aventurier français vient de faire le tour du monde. Il vous raconte son voyage.

_____[1] mes amis _____[2] m'accompagner; alors,

_____³ tout seul. J'ai fait rapidement

_____⁴ mais

_____⁵ un mois _____⁶

(je_____⁷ les Pyramides). De là, je suis allé

_____⁸—_____⁹ égaler la Grande Muraille!

Bien sûr, j'ai vu beaucoup de belles choses _____¹⁰.

_____¹¹, j'ai pris un avion pour _____¹² où j'ai trouvé

des paysages magnifiques. Après avoir fait le tour _____¹³, je suis descendu

_____¹⁴ New York. Malheureusement, je _____¹⁵

visiter _____¹⁶ car je

_____¹⁷ d'argent. Alors, _____¹⁸

directement _____¹⁹, content de mon voyage.

Maintenant, écoutez la dictée une troisième fois pour vérifier vos réponses. (*Les réponses se trouvent en appendice.*)

DEUXIEME PARTIE: EXERCICES ECRITS

Mots et expressions

■■

Une visite au Sénégal. L'Afrique possède des sites touristiques remarquables. Lisez bien l'histoire de ce touriste qui passe sa dernière matinée à Dakar, capitale du Sénégal, et complétez les phrases avec les verbes qui conviennent.

> aborder *to deal with; to approach (someone or a subject)*
> achever *to finish (well)*
> arrêter (de + *infinitif*) *to stop*
> cesser (de + *infinitif*) *to stop*
> commencer (à + *infinitif*) *to begin*
> finir *to finish*
> terminer *to end, finish*

Le matin de mon départ de Dakar, je/j' _____¹ mon petit déjeuner en

vitesse et je suis descendu pour _____² un taxi. Je voulais

_____³ agréablement mes vacances et _____⁴

quelques courses. Arrivé au marché central, je/j'_____⁵ un marchand de tissus (*fabrics*) africains. Je/J'_____ ^{6} à marchander (*bargain*) avec lui,

mais comme il ne/n'_____ ^{7} de parler, je suis parti sans rien acheter.

Structures

■■■

LES PREPOSITIONS AVEC LES NOMS GEOGRAPHIQUES

A. Un peu de géographie. Regardez cette liste de pays, avec leurs capitales et leurs superficies (en kilomètres carrés). Utilisez ces informations pour vous aider à terminer les phrases qui suivent.

PAYS	CAPITALE	SUPERFICIE EN KM^2
Australie	Canberra	7 687 000
Autriche	Vienne	84 000
Finlande	Helsinki	337 000
Mexique	Mexico	1 970 000
Tchad	N'Djamena	1 284 000
Turquie	Ankara	780 000

MODELE: Nous allons visiter le pays dont la capitale est Helsinki. →
Nous allons visiter la Finlande.

1. Je vais étudier dans un pays qui a une superficie de 1 970 000 km^2. Je vais étudier
_____.

2. Mon amie Mine vient du pays dont Ankara est la capitale. Elle vient
_____.

3. Si vous allez à N'Djamena, vous allez _____.

4. Pour visiter le plus grand pays de la liste, vous allez voyager
_____.

5. Nous venons de passer nos vacances dans le plus petit pays de la liste. Nous venons d'arriver
_____.

B. Voyages imaginaires. Imaginez que vous venez de faire un grand voyage autour du monde. Utilisez les débuts de phrases suivants, un endroit de la liste et votre imagination pour donner des précisions sur ce voyage. N'oubliez pas l'article ou la préposition nécessaire.

France, Canada, Sénégal, Antilles, Louisiane, Québec, Japon, Chine, Angleterre, Maroc, Etats-Unis

MODELE: Quand j'ai pris l'avion pour *les Antilles, j'ai perdu ma valise.*

1. Quand je suis allé(e) _____

2. Quand je suis revenu(e) _____

3. Quand j'ai visité _____

4. Quand je suis parti(e) _____

5. Quand j'étais _____

6. Quand je suis rentré(e) _____

LA NEGATION

Voyageuse du monde. Béatrice vient de France. Elle aime voyager si elle parle la langue du pays qu'elle visite. En plus du français, elle connaît l'anglais, l'espagnol et le portugais. Elle a déjà voyagé en Europe et elle espère faire d'autres voyages. Faites des phrases en utilisant les mots des deux catégories ci-dessous afin de décrire les voyages qu'elle a probablement faits et ceux qu'elle n'a pas faits.

NEGATIONS	PAYS/PROVINCES	
ne… jamais	l'Espagne	le Mali
ne… pas (encore)	le Portugal	la Suisse
ne… pas du tout	le Mexique	le Brésil
ne… que	le Luxembourg	l'Argentine
	le Kenya	la France
	l'Irlande	le Québec
	la Guyane française	l'Angleterre
	?	?

MODELE: Béatrice a déjà visité l'Espagne, mais elle n'a pas encore visité le Mexique.

1. _____

_____

2. _____

_____

3. _____

_____

4. _____

_____

5. _____

_____

6. _____

_____

LES ADJECTIFS ET PRONOMS INDEFINIS

A.   Cécile est suisse et Hélène est canadienne. Elles parlent des stéréotypes qui concernent leurs pays. Utilisez des adjectifs et des pronoms indéfinis de la liste suivante pour compléter le dialogue. Lisez bien tout le contexte pour choisir la meilleure expression.

Possibilités: certaines, chacun, chaque, d'autres, ne/n'… aucun, ne/n'… rien, personne ne/n', plusieurs, quelque chose, quelqu'un, tout le monde

CECILE: On a l'impression que _____[1] en Suisse mange du chocolat. Je sais que

_____[2] personnes ne mangent jamais de chocolat! Mais c'est vrai… elles ne

sont pas nombreuses.

HELENE: On croit que _____³ habite dans le nord du Québec. Ce n'est pas vrai. Je

connais _____⁴ familles qui adorent vivre dans cette région. Il y en a même

beaucoup!

CECILE: Les gens disent que _____⁵ Suisse parle avec un accent régional, mais je

connais _____⁶ qui _____ a _____⁷ accent. C'est mon

frère.

HELENE: On dit que les gens dans les villages _____ ont _____⁸ à faire pendant

l'hiver. Je sais qu'il y a toujours _____⁹ d'intéressant à faire.

CECILE: Donc, il y a tous ces stéréotypes pour _____¹⁰ de nos pays. J'en connais

_____¹¹ pour la Suisse, mais ils ne sont jamais tout à fait vrais.

B. A la frontière. Vous passez à la frontière de deux pays. Un douanier (*customs agent*) vous questionne sur vos activités dans le pays que vous venez de quitter. Répondez-lui en utilisant les expressions données en italique.

> MODELE: LE POLICIER: Avez-vous acheté des souvenirs? (*quelques-uns + en*) →
>   VOUS: J'en ai acheté quelques-uns en ville.

1. Avez-vous des valises? (*quelques-unes + en*)

    _____

2. Avez-vous acheté des journaux? (*plusieurs + en*)

    _____

3. Que faisaient les gens dans le village où vous étiez? (*certains, d'autres*)

    _____

4. Pourquoi voulez-vous partir? (*d'autres*)

    _____

5. Avez-vous quelque chose à déclarer? (*ne... rien*)

    _____

C. Une station de sports d'hiver. Complétez le paragraphe suivant avec *les adjectifs ou pronoms négatifs* qui s'imposent: *aucun, personne* ou *rien*.

_____¹ village du monde ne ressemble à Saint-Martin. Les stations de ski en Suisse

sont formidables! _____² de semblable n'existe ailleurs. Quand j'étais là au mois de

mai, le village était vide. Je n'ai _____³ vu, je n'ai parlé à _____⁴.

Sans _____⁵ doute (*m.*), quand on a besoin de vacances calmes, il faut aller à Saint-

Martin.

D.   Comme c'est triste! Vous avez un ami qui répond toujours de façon négative à tout ce que vous lui racontez. Imaginez ses réactions devant ce que vous lui dites.

> MODELE: VOUS: Je crois que des gens intéressants viendront ce soir.
> LUI: Non, personne d'intéressant ne viendra ce soir.

1.   VOUS: Toutes mes amies m'envoient des cartes postales quand elles voyagent.

   LUI: _____

2.   VOUS: Nous allons faire quelque chose d'amusant ce week-end.

   LUI: _____

3.   VOUS: Je connais tout le monde à mes cours.

   LUI: _____

4.   VOUS: Je participe à toutes sortes d'activités à l'université.

   LUI: _____

QUELQUES CONJONCTIONS

Allez à Lyon! En regardant bien le contexte, mettez les conjonctions qui s'imposent (*ne... ni... ni... ; soit... soit... ; et... et... ; et... ; ou...*).

1.   Si vous visitez la ville de Lyon, il vaut mieux parler _____ français

   _____ anglais. La plupart des gens _____ parlent

   _____ japonais _____ chinois.

2.   La ville de Lyon est connue pour ses restaurants et ses musées. Pendant votre visite, vous

   pouvez manger de la bonne cuisine _____ aller voir des expositions. Si vous

   n'avez pas beaucoup de temps, vous pouvez visiter le musée de la Civilisation gallo-romaine

   _____ le musée des Beaux-Arts.

3.   Si vous avez des questions sur Lyon, vous pouvez vous adresser _____ à l'Office

   du Tourisme _____ à une agence de voyages. Les deux pourront vous aider.

4.   Les Lyonnais _____ sont _____ snobs _____ anti-

   américains. Ils sont très aimables avec les touristes.

Reprise

■■■

A.   Si je connaissais le monde! D'abord, regardez la carte du monde à la page 161 et notez certaines régions francophones. Puis, en regardant les listes qui suivent, mettez le numéro correspondant à côté du nom de pays dans la première colonne. Finalement, faites des phrases en utilisant les verbes donnés dans la deuxième colonne et le *si* de condition.

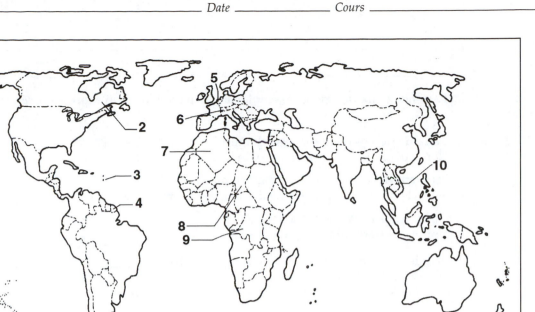

NOMS GEOGRAPHIQUES

les îles du Pacifique
   la Polynésie française ____
l'Amérique
   le Québec ____
   la Martinique ____
   la Guyane française ____
l'Europe
   la Belgique ____
   la Suisse ____
l'Afrique
   l'Algérie ____
   le Tchad ____
   la République Démocratique du Congo ____
l'Asie
   le Viêt-nam ____

ACTIONS

faire de la plongée (*diving*)
faire de l'escalade (*climbing*)
faire du ski
faire un safari
aller dans la jungle
faire de la danse
faire de la voile (*sailing*)
chanter des chansons françaises
voir des films canadiens
manger du couscous
acheter des tissus africains
?

MODELE: Si nous étions allés à la République Démocratique du Congo, nous serions allés dans la jungle.

1. _____

2. _____

3. _____

4. _____

5. _____

6. _____

7. _____

B. Négativisme. Répondez aux questions en employant à chaque fois une expression *négative* différente.

> MODELES: Certains de vos amis sont-ils bilingues? →
> Non, aucun de mes amis n'est bilingue.
>
> Espèrent-ils apprendre une langue étrangère? →
> Non, ils n'espèrent pas apprendre de langue étrangère.
>
> Parlez-vous norvégien et suédois? →
> Non, je ne parle ni norvégien ni suédois.

1. Quelques-uns de vos camarades vont-ils voyager en Afrique? _____

   _____

2. La Guyane française et la Nouvelle-Calédonie sont-elles en Afrique? _____

   _____

3. Avez-vous déjà entendu parler de l'Angola? _____

   _____

4. Le Maroc est-il toujours un protectorat français? _____

   _____

5. Est-ce que quelqu'un d'intéressant va parler à l'université ce soir? _____

   _____

Pour écrire en français

■■

Presenting Factual Information

> *We're drowning in information and starving for knowledge.*
> —*Rutherford D. Rogers*

At some time or another you will want to look up information about a country in which the language you are learning is spoken. An encyclopedia published in your target language is a good place to start, many Internet sites exist, and you may consult books and periodicals. To present such information in class, you will need to read one or more articles, then decide what information might be useful for your classmates, and finally write up the information in a clear and understandable way. To do this, you will need to put the information in your own words, and perhaps explain some facts or vocabulary terms that are unfamiliar to your audience. You may also need to prepare part or all of your material as an in-class presentation.

SUJET: Un pays francophone (sauf la France).

Activités

A.   Lisez un article (ou une portion d'un article, si celui-ci est de plus de deux pages) sur le pays francophone que vous avez choisi. Cherchez les mots inconnus dans un bon dictionnaire français ou bilingue.

B.   Faites une liste des idées les plus importantes (ne copiez pas l'article; paraphrasez ce que vous avez lu).

_____

_____

_____

_____

C.   Ecrivez une thèse et un paragraphe d'introduction où vous ferez allusion aux aspects dont vous allez traiter. N'oubliez pas de délimiter votre sujet.

_____

_____

_____

_____

D.   Faites un brouillon. Essayez de présenter clairement les informations les plus importantes, en utilisant un vocabulaire que votre partenaire pourra facilement comprendre. Fournissez-lui des explications, si nécessaire. Apportez votre brouillon en classe.

E.   Faites un travail de partenaires. Lisez le brouillon de votre partenaire en faisant particulièrement attention à la clarté et à l'organisation de sa présentation.

F.   Maintenant, améliorez votre propre brouillon en tenant compte des suggestions de votre partenaire.

LES BEAUX-ARTS

CHAPITRE **11**

PREMIERE PARTIE: EXERCICES ORAUX

A l'écoute

Activating Background Knowledge (Reprise)

If you can recall what you already know about a topic, you can better understand new conversations. In listening to a conversation about art and artists, for example, it will be helpful to recall the names of artists you've heard of and to think about their style. Think, too, about artistic movements and different types of art, such as sculpture, painting, drawing, etc. Visualizing as many of these elements as possible will keep you engaged in active listening, which leads to better and quicker comprehension than passive listening.

Une exposition très intéressante. Vous allez entendre une discussion dans une galerie lors d'une exposition de tableaux. D'abord, arrêtez la bande pour répondre aux questions ci-dessous. Cela vous aidera à comprendre la situation suivante.

1. Quelles époques associez-vous avec les artistes suivants (la Renaissance, le XIXe siècle ou le XXe siècle)?

    Claude Monet _____

    Léonard de Vinci _____

    Jackson Pollock _____

    Salvador Dali _____

    Camille Claudel _____

    Georgia O'Keeffe _____

2. Faites une liste de plusieurs artistes que vous connaissez. Quel type d'art ont-ils /elles fait (de

    la sculpture, des dessins, de la peinture, autre chose)?

    _____

    _____

3. Pensez-vous que les œuvres d'art se vendent trop cher? Expliquez.

_____

_____

Deux étudiantes se trouvent à une exposition de tableaux d'un peintre important du XIXe siècle. Ecoutez la situation une ou deux fois. Puis, arrêtez la bande pour répondre aux questions qui suivent. Entourez la lettre correspondant à la réponse correcte. (*Les réponses se trouvent en appendice.*)

1. Comment s'appelle l'artiste dont les tableaux sont exposés?
   a. Degas   b. Sisley   c. Monet   d. Pissarro

2. Quel est le sujet des trois tableaux dont les étudiantes parlent?
   a. Des portraits
   b. Des scènes en ville
   c. Des paysages

3. Selon la gardienne, quelle est la preuve que les gens continuent à acheter des tableaux de maître?
   a. Un des tableaux à l'exposition vient d'une collection particulière.
   b. Elle a récemment acheté un tableau.
   c. Les tableaux de cette exposition sont à vendre.

4. La jeune étudiante dit qu'elle pourrait acheter ____ pour le prix d'un tableau.
   a. une voiture   b. une maison   c. un appartement

5. Qui arrive à la fin?
   a. Un artiste   b. Un voleur (*thief*)   c. Un conservateur (*curator*)   d. Un policier

Mots et expressions

■■

Cherchez l'intrus. Ecoutez les séries de trois termes et trouvez dans chaque groupe le mot qui ne va pas avec les autres.

   MODELE: le dessin, le désespoir, dessiner → *Le désespoir* ne va pas avec les autres.

   1. …   2. …   3. …   4. …   5. …

Structures

■■■

L'INFINITIF PRESENT

A l'école des Beaux-Arts. Un nouveau collègue vous pose des questions en ce qui concerne quelques étudiants. Ecoutez ses questions et répondez-lui en utilisant les deux verbes proposés. Ajoutez les prépositions *à* et *de* après le verbe conjugué si c'est nécessaire.

> MODELE: Que savez-vous de Catherine Dassin? (savoir / peindre) →
> Catherine sait peindre.

1. apprendre / sculpter
2. espérer / être conservatrice (*curator*)
3. penser / faire une exposition
4. compter / être photographe
5. rêver / être architecte
6. continuer / collectionner des chefs-d'œuvre
7. se mettre / dessiner

L'INFINITIF PASSE

Notre-Dame de Paris. Béatrice raconte sa visite de cette cathédrale. Reliez les phrases que vous entendrez aux suivantes en employant *l'infinitif passé*. Suivez les modèles.

> MODELES: (Je suis entrée.) J'ai écouté un concert. →
> Après être entrée, j'ai écouté un concert.
>
> (J'ai écouté un concert.) J'ai regardé des statues. →
> Après avoir écouté un concert, j'ai regardé des statues.

1. (…) J'ai pris des photos.

2. (…) Je suis montée dans la tour.

3. (…) Je suis descendue.

4. (…) Je me suis acheté des cartes postales.

5. (…) J'ai quitté cette merveilleuse cathédrale.

LE PARTICIPE PRESENT ET LE GERONDIF

La vie moderne. Très souvent, l'on est si occupé que l'on fait deux choses à la fois. Décrivez les actions des personnes suivantes en utilisant *le gérondif*. Suivez le modèle.

> MODELE: Jeanne étudie. (écouter la radio) → Jeanne étudie en écoutant la radio.

1. Olivier conduit.
2. Barbara parle au téléphone.
3. Laure pense à sa conférence.
4. Marisa dîne.
5. Jérôme promène son chien.

LES PRONOMS INTERROGATIFS

L'insistance. Ecoutez les questions suivantes. Puis, répétez-les en remplaçant la forme courte par la forme longue du *pronom interrogatif*. Suivez les modèles.

> MODELES: Que fais-tu? → Qu'est-ce que tu fais?
>
> A quoi penses-tu? → A quoi est-ce que tu penses?

1. … 2. … 3. … 4. … 5. … 6. … 7. …

Les sons des mots

A. Quelques autres caractéristiques

1. **La liaison.** Dans les groupes de mots unis par le sens, une consonne finale qui est muette se lie souvent à la voyelle ou au *h muet* qui la suit. Répétez.

   un petit ami
   les uns et les autres
   le Grand Hôtel

   c'est elle
   mais: et elle

2. **L'élision.** Dans certains cas, on élimine les voyelles *e, a* et *i* lorsqu'elles sont placées devant une autre voyelle ou un *h muet*. Répétez.

   c'est
   l'Italie

   s'il vous plaît
   l'homme

3. **L'enchaînement.** Les mots d'un groupe unis par le sens s'enchaînent sans interruption de la voix. Répétez.

   Sylvie a attendu.
   Il y a un bus.

   Véronique est ici.

B. Entraînement auditif. Entourez d'un cercle les mots et les phrases que vous entendrez deux fois. (*Les réponses se trouvent en appendice.*)

MODELE: (après l'avoir vu)   après l'avoir bu

1. après avoir attendu   après avoir entendu

2. Elle aime le peintre.   Elle aime le peindre.

3. en dessinant   en désignant

4. Est-ce qu'il lui plaît?   Qu'est-ce qui lui plaît?

5. Qu'est-ce que tu regardes?   Qui est-ce que tu regardes?

6. Lequel des tableaux?   Lesquels des tableaux?

7. en peignant   en daignant

8. une sculpture   une culture

9. connaissant   connaissons

10. tout ému   tout est mou

Reprise

A. Devinettes: L'art et la musique. D'abord, arrêtez la bande pour regarder les dessins ci-dessous (page 170). Puis, écoutez les noms des artistes et compositeurs célèbres. Certains sont nés en France, d'autres y ont passé du temps.

Maintenant, écoutez les descriptions et devinez la réponse. (*Mettez le numéro de la description devant le nom correspondant. Les réponses se trouvent en appendice.*)

_____ Debussy   _____ Rodin

_____ Monet   _____ Van Gogh

_____ Picasso   _____ Verdi

B. Dictée: Une collectionneuse. Ecoutez toute la dictée une première fois sans rien écrire. Puis, écoutez-la une deuxième fois et remplissez les blancs.

_____[1] dans la galerie de _____[2], Mme Noiret a

remarqué un magnifique _____[3]. _____[4]

cela peut coûter, _____[5] pareille?

_____[6].

_____[7] le prix,

_____[8] c'était bien trop cher pour elle.

Elle a donc examiné d'autres _____[9] au

vendeur. Elle _____[10] acheter un beau

portrait _____[11], Rudolf Noureïev.

Maintenant, écoutez la dictée une troisième fois pour vérifier vos réponses. (*Les réponses se trouvent en appendice.*)

C. Un poème. Ecoutez ce poème d'Arthur Rimbaud. Puis, répétez.

SENSATION

Par les soirs bleus d'été, j'irai dans les sentiers,°	*paths*
Picoté° par les blés, fouler° l'herbe menue,°	*Lightly stung / to tread on / fine*
Rêveur, j'en sentirai la fraîcheur à mes pieds.	
Je laisserai le vent baigner ma tête nue.	
Je ne parlerai pas, je ne penserai rien:	
Mais l'amour infini me montera dans l'âme,°	*soul*
Et j'irai loin, bien loin, comme un bohémien,°	*gypsy*
Par la Nature, —heureux comme avec une femme.	

DEUXIEME PARTIE: EXERCICES ECRITS

Mots et expressions

Une soirée tranquille. Deux amis vont passer une soirée tranquille ensemble. Complétez le dialogue avec les verbes qui conviennent.

écouter *to listen (to)*
entendre *to hear*
sentir *to smell*
se sentir *to feel (physically)*

BRIGITTE: Salut Marc! Dis donc, ça _____¹ bon chez toi. Tu fais la cuisine?

MARC: Oui, je prépare le dîner... Ah... Tu _____² la minuterie (*timer*) qui

sonne? Le repas est prêt. On passe à table?

BRIGITTE: D'accord! Dis, tu as décidé ce que tu voulais faire ce soir?

MARC: Ça dépend de toi. Tu n'avais pas l'air en forme hier. Comment _____³⁻

tu aujourd'hui?

BRIGITTE: Comme ci, comme ça.

MARC: Et si on restait ici ce soir?

BRIGITTE: Ça serait super. J'ai besoin de me reposer. On pourrait _____⁴ de la

musique, j'ai apporté mes derniers CD.

Structures

■■■

L'INFINITIF PRESENT

Ma vie. Avec les verbes suivants, faites des phrases pour indiquer ce que vous avez fait l'année dernière, ce que vous faites cette année et ce que vous allez faire plus tard.

VERBES SUGGERES

apprendre à, s'arrêter de, avoir besoin de, décider de, essayer de, hésiter à, mériter de, promettre de, vouloir

MODELE: L'année prochaine, je compte terminer mes études et je vais essayer de trouver un bon travail.

1.   L'année dernière, je _____

_____

_____ .

2.   Cette année, je _____

_____

_____ .

3.   L'année prochaine, je _____

_____

_____ .

4.   Dans cinq ans, je _____

_____

_____ .

L'INFINITIF PASSE

Les beaux-arts et la danse. Complétez les phrases suivantes avec **après** + *l'infinitif passé* pour le premier verbe et *le passé composé* pour le deuxième verbe. Attention à l'accord du participe passé.

1.   _____ (*finir*) son tableau, l'artiste _____

(*vouloir*) l'exposer.

2.   _____ (*se rendre compte*) du talent de ce peintre, ils

_____ (*décider*) d'acheter tous ses tableaux.

3.   _____ (*se retrouver*), nous _____ (*aller*) au

musée du Louvre.

4.   _____ (*admirer*) cette sculpture, vous _____

(*vouloir*) en prendre quelques photos.

5. _____ (*rester*) simple ballerine pendant des années,

   elle _____ (*devenir enfin*) danseuse étoile.

6. _____ (*entendre*) la musique au ballet, je

   _____ (*se dépêcher*) d'acheter le disque.

LE PARTICIPE PRESENT ET LE GERONDIF

A. Une soirée musicale. Un critique de musique est allé au concert à l'Opéra de la Bastille. Transformez les phrases suivantes en employant des *participes présents*.

   MODELE: Puisque je savais que le concert serait excellent, j'y suis allé. →
   Sachant que le concert serait excellent, j'y suis allé.

1. J'ai compris la musique et je l'ai appréciée. _____

   _____

2. Puisque j'ai reconnu le chef d'orchestre, j'ai décidé d'aller lui parler. _____

   _____

3. Le chef d'orchestre a rayonné de joie et il est sorti de la salle. _____

   _____

4. Puisque j'ai voulu le voir, je suis entré dans les coulisses (*wings*). _____

   _____

5. Nous étions contents de nous retrouver et nous sommes sortis après le concert. _____

   _____

B. Le travail et le talent. Savez-vous comment on devient artiste? Parlez des conditions nécessaires en utilisant le vocabulaire des deux colonnes et *un gérondif*.

avoir une belle voix	danseur/danseuse
avoir du talent	peintre
connaître bien la musique	guitariste
étudier longtemps	architecte
être inspiré	poète
travailler dur	chanteur/chanteuse

   MODELE: regarder beaucoup de films / critique →
   C'est en regardant beaucoup de films qu'on devient critique cinématographique.

1. _____

2. _____

3. _____

4. _____

5. _____

6. _____

LES PRONOMS INTERROGATIFS

A. L'art moderne. Voici des réponses. Posez une question à propos de la partie en italique de chaque réponse.

1. _____ ?

   —J'adore *le style impressionniste*.

2. _____ ?

   —C'est *Berthe Morisot* qui a peint ce tableau.

3. _____ ?

   —Certains surréalistes ont étudié *Freud*.

4. _____ ?

   —Les impressionnistes avaient besoin de *beaucoup de lumière pour peindre*.

5. _____ ?

   —*L'univers fantastique des surréalistes* m'étonne toujours.

B. Questions sur l'art. Faites des questions en vous servant des termes de chaque colonne.

Qu'est-ce que	vouloir dire	les collectionneurs
Que	penser de	le musée d'Orsay
Qu'est-ce qui	intéresser	la sculpture moderne
Qui est-ce qui	admirer	l'expressionnisme
	impressionner	les étudiants en art
		Chagall

1. _____

2. _____

3. _____

4. _____

5. _____

C. Un peu de patience! Votre professeur commence toujours son cours en présentant les choses de façon générale. Certains étudiants veulent avoir des détails immédiatement. Donnez les questions des étudiants en utilisant une forme du pronom interrogatif *lequel*. (N'oubliez pas ceux [*those*] qui ont une préposition [*auquel, duquel,* etc.].)

MODELE: LE PROF: Nous allons voir des tableaux.
            L'ETUDIANT(E): Lesquels allons-nous voir?

1. Je vais vous montrer des tableaux impressionnistes.

   _____

2. Nous allons parler à deux photographes très doués.

   _____

3. Vous allez entendre parler de grandes symphonies.

_____

4. Vous allez faire la connaissance d'un sculpteur célèbre.

_____

5. Nous allons examiner des chefs-d'œuvre remarquables.

_____

6. Nous allons aller à une grande exposition.

_____

Reprise

A. Clichés ou vérités? Remplacez tous les noms (*nouns*) contenus dans les phrases suivantes par *les infinitifs* qui leur correspondent. Vous allez obtenir des maximes célèbres.

MODELES: La vie, c'est un peu la mort. → Vivre, c'est mourir un peu.

Mieux vaut l'hésitation que l'affirmation. → Mieux vaut hésiter qu'affirmer.

1. Le travail, c'est la création. _____

_____

2. Pour la réussite, il faut de la souffrance. _____

3. Mieux vaut la possession que l'espérance. _____

_____

4. La réflexion avant la parole. _____

_____

5. La comparaison n'est pas la preuve. _____

_____

6. Le commencement, c'est déjà la fin. _____

_____

B. Itinéraire artistique. Marc, qui est amateur d'art, découvre plusieurs musées parisiens. Suivez son itinéraire en utilisant *l'infinitif passé*.

MODELES: Marc arrive à Paris; il va voir le Louvre. →
Après être arrivé à Paris, il est allé voir le Louvre.

Il visite le musée Picasso. →
Après être allé voir le Louvre, il a visité le musée Picasso.

1. Il regarde les œuvres du musée Rodin. _____

_____

2. Il va au Centre Pompidou. _____

_____

3. Il se balade au musée d'Orsay. _____

_____

4. Il va à la Villette. _____

_____

C. Une soirée au ballet. Refaites les phrases en utilisant *le gérondif*. Suivez le modèle.

MODELE: La danseuse a souri au public quand elle est arrivée. →
En arrivant, la danseuse a souri au public.

1. L'orchestre a annoncé le début du ballet quand il s'est mis à jouer l'ouverture. _____

_____

2. Les spectateurs se sont exclamés quand ils ont vu le décor. _____

_____

3. La danseuse a calmé le public quand elle a salué. _____

_____

4. Elle a fait un plié jeté quand elle est sortie. _____

_____

D. Une visite guidée. Au musée, vous n'entendez pas bien votre guide et vous posez des questions aux autres visiteurs sur ce que le guide vient de dire. Utilisez les formes courtes ou les formes longues des *pronoms interrogatifs*.

MODELE: LE GUIDE: Comme vous pouvez le voir, les classiques font toujours des portraits.
VOUS: Pardon, que font les classiques? (Qu'est-ce que les classiques font?)

1. LE GUIDE: Les impressionnistes voulaient peindre la lumière.

VOUS: _____

2. LE GUIDE: Les masques africains ont beaucoup influencé Picasso.

VOUS: _____

3. LE GUIDE: Jacques Louis David est le chef de l'école néo-classique.

VOUS: _____

4. LE GUIDE: Les cubistes s'intéressaient à la forme.

VOUS: _____

E. Et plus précisément? Quelles questions votre camarade a-t-il posées pour obtenir ces précisions? Utilisez une forme du pronom interrogatif *lequel*.

> MODELE: J'aime *la peinture naïve*. → Laquelle aimez-vous (aimes-tu)?

1. Je regarde *les photographies en noir et blanc.*

   _____

2. J'ai assisté *à des concerts de musique baroque.*

   _____

3. Je parle *de cette ballerine russe.*

   _____

4. Je suis allé(e) *à l'exposition cubiste.*

   _____

5. Je collectionne *les timbres (stamps) français.*

   _____

Pour écrire en français

Getting More Writing Practice

> *We learn by practice. Whether it means to learn to dance by practicing dancing or to learn to live by practicing living, the principles are the same . . .*
> —Martha Graham

The development of your writing skills involves practice, practice, practice! The more often you apply the techniques you have learned, the more automatic they will become. Writing in French will become correspondingly easier.

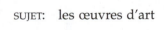

SUJET: les œuvres d'art

Est-ce que vous avez déjà essayé de créer une œuvre d'art? de faire un portrait? de la poterie? de la sculpture? de la photo? etc. Pensez à vos années de lycée, aux clubs dont vous avez été membre, etc. Décrivez une œuvre dont vous vous souvenez très bien.

Activités

A. La liste suivante résume les aspects de la rédaction en français que vous avez étudiés dans ce cahier. Révisez-les. Rappelez-vous qu'il faudrait...

- délimiter un sujet (même si un sujet général a été proposé)
- proposer une thèse qui présente le sujet au lecteur

- organiser les idées et les faits dans des paragraphes cohérents
- chercher un vocabulaire approprié et varié
- utiliser des exemples pour illustrer et clarifier les idées
- relier les différentes parties de la rédaction
- rendre claires les transitions
- varier le style en utilisant des phrases simples ainsi que des phrases complexes

B. Faites un brouillon sur le sujet proposé en respectant au maximum les suggestions ci-dessus. Apportez votre brouillon en classe.

C. Faites un travail de partenaires. Lisez le brouillon de votre partenaire en regardant la liste ci-dessus. Dites-lui quelles suggestions il/elle a bien suivies. Discutez des aspects qu'il/elle pourrait améliorer, à votre avis.

D. Maintenant, améliorez votre propre brouillon.

LA FRANCE ET L'AMERIQUE DU NORD CHAPITRE

PREMIERE PARTIE: EXERCICES ORAUX

A l'écoute

Guessing from Context (Reprise)

When you listen to French at this level, don't expect to understand every word spoken. What's important is to make educated guesses about what is being said based on what you do understand. Try to identify verbs and to determine whether they're affirmative or negative, and what tense they're in: past, present, or future. Listen for nouns and adjectives, trying to group them in a meaningful way. For example, if you hear a friend say **l'école** and **problèmes,** he or she is either asking about or explaining problems at school. If you hear **avez-vous** and **voyage,** someone's asking if you've traveled or perhaps planned a trip. After you've guessed, listen again, if you can, to confirm or modify your ideas. Even if your guesses aren't always on target, the more you guess, the more meaning you'll grasp.

En Amérique du Nord. Vous comprenez la moitié (*half*) des conversations suivantes. Ecoutez chaque phrase une ou deux fois, puis complétez les commentaires suivants en choisissant *a* ou *b*. (*Les réponses se trouvent en appendice.*)

1. Québec…
   a. est une capitale de la gastronomie.   b. n'est pas une capitale de la gastronomie.

2. Cette phrase est…
   a. à l'affirmatif.   b. au négatif.

3. Québec…
   a. est une ville neuve.   b. a un caractère historique.

Danielle et Christophe ont un ami, Marc, qui va voyager en Amérique du Nord. Les détails mentionnés dans l'émission qui passe à la télévision vont beaucoup intéresser leur ami. Ecoutez la situation une ou deux fois. Puis, arrêtez la bande pour lire les phrases qui suivent (page 180) et pour décider si elles sont *vraies* (V) ou *fausses* (F). (*Les réponses se trouvent en appendice.*)

1. Marc va visiter le Québec la semaine prochaine.   V   F

2. C'est en France que l'on dit le «spécial du jour».   V   F

3. Au Québec, on répond «bienvenue» quand quelqu'un dit «merci».   V   F

4. Le terme un «parking» se dit en France.   V   F

5. Christophe va acheter un guide touristique pour Marc.   V   F

6. Danielle croit que Marc aura des problèmes de communication pendant son voyage.   V   F

Mots et expressions

Familles de mots. D'abord, arrêtez la bande pour lire la liste d'expressions ci-dessous (page 181). Ensuite, écoutez les termes suivants et trouvez dans la liste l'expression tirée de la même famille de mots.

accueillir
comprendre
emprunter

s'entraider
faire des recherches
lier

> MODELE: le lien → lier

1. … 2. … 3. … 4. … 5. …

Structures

■■■

LES PRONOMS DEMONSTRATIFS

Jugements. Ecoutez les paires de phénomènes suivants et comparez-les en utilisant *le pronom démonstratif* convenable et l'adjectif suggéré. (*La réponse donnée est une réponse suggérée.*)

> MODELE: la recherche des biologistes et la recherche des médecins (importante) →
> La recherche des biologistes est aussi importante que celle des médecins.

1. ancien 2. saine 3. chers 4. rapides

LES PRONOMS POSSESSIFS

A qui? Ecoutez les noms suivants et répondez en donnant *les pronoms possessifs* correspondants. Suivez le modèle.

> MODELE: sa fille → la sienne

1. … 2. … 3. … 4. … 5. … 6. … 7. … 8. …

LA VOIX PASSIVE ET COMMENT L'EVITER

A. La haute couture. Vous avez pu assister à la présentation de nouvelles collections. Ecoutez les phrases suivantes et racontez vos souvenirs en utilisant *la voix passive* et *l'imparfait*. Suivez le modèle.

> MODELE: *Chanel* faisait les vestes. → Les vestes étaient faites par Chanel.

1. Yves Saint Laurent
2. Rosy
3. Dior
4. Agatha
5. Cartier

B. Prédictions. On vous demande vos prédictions sur la mode cette année. Ecoutez les questions et mettez vos prédictions *à la voix passive* et *au futur* en utilisant les suggestions données.

> MODELE: Qui présentera un nouveau parfum? (une actrice) →
> Un nouveau parfum sera présenté par une actrice.

1. Nivéa
2. les Américains
3. un Italien
4. une vieille chanteuse
5. un couturier russe

C. Faits accomplis. Ecoutez les phrases suivantes et transformez-les en utilisant le pronom *on* et en mettant le verbe *à la voix active* et *au passé composé*.

> MODELE: Une robe a été montrée à la cliente. → On a montré une robe à la cliente.

1. … 2. … 3. … 4. …

FAIRE DE SENS CAUSATIF

A Montréal. Des Français sont venus visiter Montréal. Vous devez vous occuper d'eux. D'abord, écoutez la liste de verbes ci-dessous.

développer   envoyer   visiter
dormir   manger

Maintenant, écoutez les déclarations suivantes et réagissez de façon logique. Utilisez **faire** *de sens causatif* et *l'infinitif* approprié. (*La réponse donnée est une réponse suggérée.*)

   MODELE: Les adultes ont faim. → Je fais manger les adultes.

1. … 2. … 3. … 4. …

Les sons des mots

■■■

Entraînement auditif. Encerclez les expressions que vous entendrez deux fois. (*Les réponses se trouvent en appendice.*)

   MODELE: les miens (les miennes)

1. C'est le leur.   C'est la leur.

2. la sienne   les siennes

3. la nôtre   la vôtre

4. il était démodé   il a été démodé

5. ils ont fait   ils sont faits

6. elle a créé   elle le créait

7. on emprunte   on en prend

8. on le dit   on l'a dit

9. il était construit   il a été construit

10. elles seront réparées elles seraient réparées

Reprise

■■■

A. Devinettes. Une renommée internationale. Voici des citoyens Français célèbres connus dans le monde entier. D'abord, écoutez leurs noms. Puis, arrêtez la bande pour regarder les dessins.

____ Marie Curie

____ Voltaire

____ Simone de Beauvoir

____ Edith Piaf

____ Jacques-Yves Cousteau

Maintenant, ils vous parlent de leurs occupations. Ecoutez-les attentivement et devinez de qui il s'agit. (*Mettez le numéro de la description devant le nom correspondant. Les réponses se trouvent en appendice.*)

B. Dictée: Une commémoration. Ecoutez cette dictée une première fois sans rien écrire. Puis, écoutez-la une deuxième fois et remplissez les blancs.

Quatorze chefs d'Etat ou de gouvernement, représentants de l'ancienne Alliance, se sont réunis le 4

juin 1994 à Portsmouth en Angleterre pour témoigner _____[1]

au Débarquement. _____[2] le lieu de départ

vers la France du plus gros (= de la majorité) des troupes alliées. «Nous devons beaucoup

_____[3] durant la campagne de Normandie» a rappelé la

Reine. «Nous rendons hommage à _____[4] pour

_____[5] noble et inspirant: avoir un monde libre et une

paix durable.» Le lendemain, Bill Clinton, le premier président américain né après la guerre, s'est

rendu _____[6] «Omaha la sanglante

(*bloody*)» en souvenir des soldats tombés. _____[7]

le déroulement des combats par _____[8]. «La

bataille de la liberté continue» a dit Clinton aux anciens combattants regroupés en Normandie pour

_____[9], le 6 juin 1944.

Maintenant, écoutez une troisième fois pour vérifier vos réponses. (*Les réponses se trouvent en appendice.*)

DEUXIEME PARTIE: EXERCICES ECRITS

Mots et expressions

Discussion littéraire. Martine et Hervé font connaissance en cours de littérature. Complétez le dialogue de façon logique avec les verbes ci-dessous.

> dire *to say, tell*
> discuter *to argue about*
> discuter de *to discuss*
> faire semblant de *to pretend to*
> parler *to speak*
> penser à *to think of*
> penser de *to have an opinion about*
> prétendre *to claim*
> raconter *to tell (a story)*

MARTINE: _____[1]-moi, avez-vous lu cet ouvrage de Simone de Beauvoir?

HERVE: De quel ouvrage _____[2]-vous?

MARTINE: De celui qui _____[3] ses derniers jours avec Jean-Paul Sartre.

HERVE: Ah, oui, vous _____[4] à *La Cérémonie des adieux.*

MARTINE: C'est ça. Aimez-vous _____[5] de littérature?

HERVE: Oui, énormément, et mes amis _____[6] que j'en lis trop!

MARTINE: Que _____[7]-vous des idées de Simone de Beauvoir?

HERVE: Je viens de lire deux critiques qui _____[8] ses qualités et ses faiblesses; je

suis de leur avis.

MARTINE: Moi, je ne _____ pas _____[9] de comprendre les œuvres

critiques, mais j'ai mes idées à moi.

Structures

■■■

LES PRONOMS DEMONSTRATIFS

A. Comparaisons. Complétez les phrases suivantes avec la forme correcte du *pronom démonstratif.*

1. *Ce couturier français* est aussi connu en Amérique du Nord que _____-là.

2. *Ces produits québécois* sont plus faciles à trouver que _____-là.

3. *Cette visite guidée* de la Louisiane est moins intéressante que _____-là.

4. J'aime mieux faire du shopping dans *cette grande surface* que dans _____-là.

5. *Lequel de ces auteurs français* voulez-vous étudier? _____ -ci ou _____-là?

6. *Cet échange culturel* est mieux organisé que _____-là.

B. Les Français connus en Amérique du Nord. Complétez les phrases suivantes avec *un pronom démonstratif + un pronom relatif* convenable (par ex., *celui que, celles qui,* etc.).

EMILIE: Parmi les acteurs français que l'on voit dans les films américains, _____ [1] je

préfère est Gérard Depardieu.

BEN: Et moi, de toutes les actrices françaises, _____ [2] je préfère est Sophie

Marceau.

EMILIE: Marceau… Marceau… Je connais Marcel Marceau, _____ [3] fait du mime.

BEN: Ah oui, les mimes américains que je préfère sont _____ [4] ont étudié avec

Marcel Marceau.

EMILIE: Est-ce que _____ [5] tu parles sont connus en France?

BEN: Oh oui! Tu sais, je crois que de tous les échanges culturels entre la France et l'Amérique, ce sont

_____ [6] ont rapport avec le cinéma et le théâtre qui jouent le plus grand rôle.

LES PRONOMS POSSESSIFS

Les miens, les tiens, les siens. Complétez les phrases suivantes avec *les pronoms possessifs* qui s'imposent.

MODELE: Je parle souvent à mes parents. Parles-tu souvent _____ *aux tiens* _____?

1. Suzanne aime son pays. Georges aime-t-il aussi _____ ?

2. Nous mettons nos nouvelles chaussures. Mettez-vous _____?

3. Eric, ma voiture n'est pas ici; puis-je prendre _____?

4. Ils ont trouvé leurs places mais nous n'avons pas trouvé _____.

5. Elles font attention aux idées des garçons, mais eux, ils ne font pas attention

_____.

6. Georges et Caroline achètent du vin. Le nôtre est français. Est-ce que _____

   est californien?

7. Elle met sa robe. Est-ce que tu mets _____?

LA VOIX PASSIVE ET COMMENT L'EVITER

A. Propos actifs. Traduisez ces phrases en français en évitant la voix passive.

1. The city of Trois-Rivières is found in Québec.

   _____

2. This book was written in 1996.

   _____

3. The exam was canceled (**annuler**).

   _____

4. The car that you wanted was sold last week.

   _____

B. Petits faits. Mettez les phrases suivantes *à la voix active.*

   MODELE: Le vaccin antirabique a été découvert par Louis Pasteur en 1886. →
   Louis Pasteur a découvert le vaccin antirabique en 1886.

1. L'alphabet pour les aveugles a été écrit par Louis Braille en 1829. _____

   _____

2. L'ascenseur a été inventé par Elisha Otis en 1857. _____

   _____

3. Le moteur à essence a été développé par George Brayton en 1872. _____

   _____

4. La morphine a été produite par Bernard Courtois en 1811. _____

   _____

5. Le premier parachute a été fait par Louis-Sébastien Lenormand en 1783. _____

   _____

6. L'épingle de sureté (*safety pin*) a été fabriquée pour la première fois par Walter Hunt au XXᵉ
   siècle.

   _____

7. La machine à coudre a été inventée par Barthélemy Thimonnier en 1829. _____

   _____

8. Des produits alimentaires ont été surgelés pour la première fois par Clarence Birdseye en 1929.

    _____

    _____

FAIRE DE SENS CAUSATIF

Occupations. En utilisant un élément de chacune des trois colonnes, faites des phrases qui décrivent ce que les gens suivants font faire d'habitude.

parents	asseoir	éclairs / four
maître d'hôtel	cuire	clients / coin tranquille
hôtesse	recopier	enfants
pâtissier	apporter	café / salon
chef	manger	vin blanc
patronne	servir	recette

MODELE: La patronne fait asseoir des clients dans un coin tranquille.

1. _____

2. _____

3. _____

4. _____

5. _____

6. _____

Reprise

■■

A. **Echanges.** Mettez *le pronom démonstratif* (*celui,* etc.) qui convient.

LE CONCESSIONNAIRE (*salesman*) DE VOITURES: Vous voulez une voiture? Regardez _____[1]-ci. Elle n'est pas chère du tout.

MARTINE: Ah non, elle est trop vieille! Je préfère _____[2]-là, la rouge. Et pourriez-vous aussi me montrer _____[3] qui ont moins de 80 000 kilomètres?

* * * * *

REMY: Dis-moi, est-ce que le cours d'économie est difficile? C'est _____[4] que je dois suivre le semestre prochain.

NICOLE: Non, pas trop, mais de tous les professeurs qui l'enseignent, _____[5] qui sont les plus sympa sont M. Carnot et Mme Lenoir.

REMY: _____[6] dont j'ai entendu parler est M. Carnot. On m'a dit qu'il vient du Sénégal.

B. Vérités. Voici quelques réflexions philosophiques. Mettez les phrases *à la voix active*. Faites attention aux temps des verbes.

1. La vérité ne sera jamais connue de l'homme. (Montaigne)

   _____

2. L'ennui est éloigné par le travail. (Voltaire)

   _____

3. La nature a été corrompue par la société. (Rousseau)

   _____

4. La campagne a été faite par Dieu, la ville a été faite par l'homme et la petite ville a été faite par le diable. (proverbe anglais)

   _____

C. Intentions. Traduisez les phrases suivantes en français.

1. I'll have my brother write the letter.

   _____

2. I'm not going to have the packages sent.

   _____

3. Are you going to have George do the work?

   _____

4. Are you having your apartment decorated (**décorer**)?

   _____

5. They can't make him talk.

   _____

Pour écrire en français

Free Writing

> *Planning to write is not writing. Outlining . . . researching . . . talking to people about what you're doing, none of that is writing. Writing is writing.*
> —E. L. Doctorow

At this point, you know a lot of French. You may be wondering how to use and maintain your skills in French. One strategy used by successful language learners is "free writing." Free writing involves using a notebook, a diary, or a computer to write regularly for yourself on topics you choose. You need not share your writing with anyone. You are free to write a lot or a little. You may ask yourself questions, describe people and places, recount incidents, outline future plans, and write stories, poetry, or songs. There are no limits to what you can do. What is important is that free writing will help you write better in all areas. It's not the only strategy that can improve writing skills, but it's one that writers have used successfully for a long time.

SUJETS: Les occupations *ou* les passe-temps *ou* ce semestre/trimestre

---

Activités

Ecrivez dans votre journal intime.

A. Vous êtes libre de rédiger ce que vous désirez sur un des sujets donnés ou sur un sujet de votre choix. Essayez de travailler sans dictionnaire ni livre de grammaire. Utilisez en toute liberté le français que vous connaissez déjà.

B. Choisissez le sujet. Suggestions:

1. Pensez à trois occupations qui vous intéressent particulièrement. Nommez-les; puis, parlez de certains individus auxquels vous fait penser cette occupation ainsi que des activités principales qui la caractérisent.
2. Décrivez un film, un CD ou un roman que vous aimez particulièrement. Pourquoi est-ce qu'il vous touche? A qui voudriez-vous le recommander? Expliquez.
3. Comparez le début du semestre/trimestre à ce qui se passe maintenant. Y a-t-il eu des moments stressants jusqu'à présent? Y a-t-il eu des moments particulièrement satisfaisants? Selon vous, en quoi consiste un bon semestre/trimestre?

C. Quand vous aurez terminé votre essai, mettez-le de côté. Puis, relisez-le quelques jours plus tard. Aimez-vous toujours ce que vous avez écrit? Ne remaniez pas cet écrit. Reprenez le même sujet dans un nouvel essai, ou bien changez de sujet. Continuez surtout à écrire!

REVISION: CHAPITRES 7-12

LE SUBJONCTIF

A. Les projets de mes amis. Mettez les verbes entre parenthèses au mode qui s'impose: *indicatif*, *infinitif* ou *subjonctif*. Employez le présent ou le passé des verbes conjugués.

1. Je suis content qu'elle _____ (*aller*) en France avec toi.

2. Croyez-vous qu'elle _____ (*partir*) bientôt?

3. Il est probable qu'elle _____ (*connaître*) déjà l'Italie.

4. Que voulez-vous que je _____ (*faire*)?

5. Je désire que vous _____ (*faire*) un voyage et que vous

   m'_____ (*écrire*) souvent.

6. Il étudie pour _____ (*recevoir*) de bonnes notes.

7. Il est nécessaire que nous la _____ (*voir*) avant son départ.

8. Mais je suis certain qu'elle _____ (*dormir*) maintenant.

9. Il n'est pas juste qu'elle ne lui _____ (*répondre*) pas.

10. Je te donne mon adresse pour que tu _____ (*pouvoir*) m'écrire.

11. Ils sont enchantés d'_____ (*être*) ici.

12. Qu'est-ce que tu veux que j'_____ (*apprendre*)?

13. J'espère que vous _____ (*comprendre*).

14. Qui insiste pour que vous _____ (*étudier*) cette matière?

15. Nous voulons _____ (*venir*) avec vous.

16. Etais-tu heureuse qu'il _____ (*devenir*) si célèbre?

17. Il va finir ce cours, bien qu'il _____ (*être*) malade.

18. Ils pensent que tu n'_____ (*avoir*) pas de courage.

19. Préférez-vous que tout le monde _____ (*savoir*) la vérité?

20. J'étais désolé qu'il _____ (*dire*) cela.

21. Elle voudrait que quelqu'un la _____ (*conduire*) à la conférence.

22. Il est douteux qu'on _____ (*pouvoir*) le faire.

23. Elle préfère que je _____ (*choisir*) ce que je veux.

B. Ce soir. Complétez les phrases suivantes en mettant les verbes au temps et au mode qui s'imposent (*subjonctif*, *indicatif* ou *infinitif*).

1. Je sors avec toi à condition que l'on _____ (*aller*) dans un restaurant

   pas trop cher.

2. Avant de _____ (*partir*), on peut demander à Sylvie de nous accompagner.

3. Elle viendra sûrement, à moins que sa sœur Monique ne _____ (*être*) encore malade.

4. Si c'est le cas, ça serait sympa de passer d'abord chez Monique pour qu'elle _____ (*pouvoir*) se changer un peu les idées.

5. Il faut y _____ (*aller*) assez tôt, parce que Monique _____ (*ne pas devoir*) se coucher tard.

6. Bon, appelons Sylvie avant qu'il n'y _____ (*avoir*) plus de place au restaurant!

LES PRONOMS RELATIFS

A. Répliques. Complétez les phrases suivantes en employant les pronoms relatifs (*qui, que, dont*) qui s'imposent.

1. Le garçon _____ parle est son ami.

2. Ce sont les enfants _____ ils ont aidés.

3. Je cherche le livre _____ était sur le bureau.

4. Les billets _____ vous avez pris sont pour demain soir.

5. Il attend le train _____ part à midi.

6. Donnez-moi les choses _____ j'ai besoin.

7. Ils ne comprennent pas la leçon _____ vous venez d'expliquer.

8. Je n'ai pas vu le film _____ vous parlez.

B. Propos. Complétez les phrases suivantes en employant les pronoms relatifs définis ou indéfinis qui s'imposent (*que, qui, dont, où, ce que, ce qui*).

1. Voici l'argent _____ il a besoin.

2. Ecoutez _____ elle dit.

3. Ce sont les dames _____ nous avons vues.

4. Voici le vin blanc _____ je vous parlais.

5. Ne nous dites pas _____ il a fait.

6. C'est la ville _____ je suis né.

7. Prenez _____ est dans la boîte.

8. Le livre _____ vous discutez est célèbre.

9. C'est une chose _____ j'ai honte.

10. C'est une question _____ je n'ai jamais comprise.

11. Voilà les romans _____ traitent de la vie acadienne.

12. Elle ne comprend pas _____ vous dites.

LE FUTUR SIMPLE ET LE FUTUR ANTERIEUR

En route! Vous vous préparez à faire un voyage. Dites ce qu'il faut faire avant de partir en complétant les phrases suivantes. Mettez les verbes *au futur simple* ou *au futur antérieur* selon le cas.

Nous _____[1] (*se mettre*) en route demain. Il

_____[2] (*falloir*) partir à l'heure. Quand le chien

_____[3] (*finir*) de manger, vous l'_____[4]

(*emmener*) chez mamie. Quand vous _____[5] (*arriver*) là-bas, elle

_____[6] (*partir déjà*). Laissez le chien avec Mme Perrin au deuxième

étage. Mamie _____[7] (*aller*) le chercher dès qu'elle

_____[8] (*rentrer*).

LA CONCORDANCE DES TEMPS DANS LES PHRASES DE CONDITION

Circonstances et hypothèses. Complétez les phrases suivantes avec les temps corrects des verbes en italique.

1. S'ils me _____ (*demander*) pardon, je les excuserais.

2. Tu ne dormiras pas bien si tu _____ (*prendre*) trop de café.

3. Nous ne l'aurions pas retenu s'il _____ (*vouloir*) partir.

4. Si vous _____ (*se lever*) de bonne heure, nous irons à la pêche.

5. René _____ (*finir*) la lecture s'il avait eu plus de temps.

6. Asseyez-vous un moment si vous _____ (*attendre*) le dentiste.

7. S'il _____ (*faire*) beau, elle serait allée au bord de la mer.

8. Tu _____ (*se souvenir*) de son nom si je le mentionnais.

9. Si les statues vous _____ (*plaire*), achetez-les.

10. Si nous _____ (*offrir*) le billet à Jacques, l'aurait-il accepté?

LES PREPOSITIONS AVEC LES NOMS GEOGRAPHIQUES

Voyages de rêve. Complétez les phrases suivantes avec *les prépositions* ou *l'article* qui s'imposent.

1. Je vais _____ Canada en avril, _____ France en juin et _____ Etats-Unis en août.

2. Nous revenons _____ Bahamas en septembre.

3. Allez-vous _____ Paris, _____ Londres et _____ Stockholm? —Oui, et je vais aussi

   _____ (Le) Havre.

4. Quand reviens-tu _____ Danemark?

5. J'ai des parents qui viennent _____ Québec et qui vivent _____ La Nouvelle-Orléans.

6. Je veux visiter _____ Mexique, _____ Argentine, _____ Venezuela, _____ Chili et _____ Brésil.

7. Mon père vient _____ Oklahoma, ma mère vient _____ Colorado et mes grands-parents viennent _____ Floride.

8. Nous allons _____ Californie, _____ Texas, _____ Arizona, _____ Nouveau-Mexique et _____ Utah.

LA NEGATION, LES ADJECTIFS ET PRONOMS INDEFINIS

Propos entendus sur le boulevard St-Michel. Traduisez les phrases suivantes en français.

1. No one listens to me.

   _____

2. Nothing happened.

   _____

3. I didn't buy anything.

   _____

4. Didn't you see anybody? Didn't you do anything?

   _____

5. None of my friends is interested in politics.

   _____

6. I have never done anything important.

   _____

7. Did someone see them? —No, no one saw them.

   _____

8. Did you buy several books? —Yes, I bought a few.

   _____

9. Didn't you speak to many students? —Yes, and several of them (**d'entre eux**) were French.

   _____

   _____

L'EMPLOI DES PREPOSITIONS *A* ET *DE* APRES LES VERBES

L'expression verbale. Complétez les phrases suivantes avec *une préposition*, si c'est nécessaire.

1. Il apprend _____ faire la cuisine.

2. Savez-vous _____ jouer de la guitare?

3. Il a commencé _____ neiger.

4. Nous nous habituons _____ travailler le week-end.

5. Ils regrettent _____ ne pas pouvoir venir.

6. Vous espérez _____ réussir.

7. Je dois _____ rentrer maintenant.

8. Il refuse _____ nous aider.

9. Veux-tu _____ danser avec moi?

10. Il faut _____ commencer le travail.

11. Elles vont _____ partir demain.

12. Avez-vous essayé _____ faire du ski?

13. Il vous permet _____ l'accompagner.

14. Qu'est-ce que vous aimez _____ manger?

15. Nous préférons _____ voyager en train.

L'INFINITIF PASSE ET LE PARTICIPE PRESENT

A. Efforts artistiques. Transformez les phrases en utilisant *l'infinitif passé.*

MODELE: Elle a acheté du marbre. Elle a fait une statue. →
Après avoir acheté du marbre, elle a fait une statue.

1. J'ai collectionné des bijoux. J'ai commencé à faire de la bijouterie.

   _____

2. Nous avons acheté un appareil-photo. Nous avons fait beaucoup de photos.

   _____

3. Ils sont allés à l'exposition. Ils ont recommencé à dessiner.

   _____

4. Elle a étudié la musique classique. Elle a fait de la danse classique.

   _____

B. L'atelier d'un peintre. Traduisez les phrases suivantes en français en utilisant *l'infinitif passé* ou *le participe présent.*

1. After resting, she started working again.

   _____

2. After looking at her painting, I told her what I didn't like.

   _____

3. I didn't want her to think that I had spoken without thinking.

   _____

4. Knowing that I wanted to help her, she understood what she had to do.

   _____

5. She improved that painting by changing the shape of the vase.

   _____

LES PRONOMS INTERROGATIFS

A. La curiosité. Complétez les phrases suivantes avec *les pronoms interrogatifs* qui s'imposent.

1. _____ est sorti avec vous du magasin?

2. _____ on a lu la semaine dernière?

3. _____ le fatalisme?

4. Avec _____ fait-on du macramé?

5. _____ as-tu fait au carnaval?

6. _____ s'est passé hier soir?

7. J'ai visité deux villes au Maroc. —_____ est-ce que tu préfères?

8. _____ de ces deux auteurs vous intéressez-vous le plus?

B. Un beau stylo. Complétez le dialogue suivant avec des formes du pronom interrogatif *lequel*.

LA VENDEUSE: Bonjour, Mesdemoiselles. _____¹ d'entre vous voulait voir des stylos?

MARIE-JO: C'est moi! De toutes ces marques de stylos, _____² trouvez-vous la meilleure?

LA VENDEUSE: Oh, il y en a plusieurs. _____³ avez-vous entendu parler?

MARIE-JO: De celle-ci, mais je cherche un stylo à plume très fine. _____⁴ de ces stylos écrivent fin?

LA VENDEUSE: Celui-ci et celui-là écrivent très fin. _____⁵ préférez-vous?

MARIE-JO: Je vais prendre celui-ci.

LA VENDEUSE: Très bien! Je vous fais un paquet-cadeau? De ces trois papiers, _____⁶ désirez-vous?

MARIE-JO: Le rose et or. Merci, Madame!

LES PRONOMS DEMONSTRATIFS

A la librairie. Complétez les phrases suivantes avec un pronom démonstratif (*celui*, etc.).

1. —Quelle librairie préfères-tu? —_____ qui se trouve sur la place.

2. —Est-ce que tu cherches un livre précis? —Oui, _____ dont tu m'as parlé hier.

3. —Est-ce qu'on trouve de bons magazines ici? —Oui, et ils ont *Voici* et *Maxi*. Ce sont

_____ que maman préfère.

4. —Tiens, ils ont des cartes! —Oui, c'est ici que j'ai trouvé _____ que j'ai envoyées à

Sylvain et à Eric.

5. —Tu peux me prêter de l'argent pour un stylo? —Bien sûr! Mais ne prends pas

_____ qui est dans la vitrine (*window*), il est trop cher.

6. —Je voudrais parler à une vendeuse. —_____ qui est au fond du magasin n'a pas

l'air occupée.

LES PRONOMS POSSESSIFS

La possession. Transformez les phrases en substituant *les pronoms possessifs* aux mots en italique.

MODELE: J'ai déjà parlé à ma mère et tu dois parler *à ta mère*. →
J'ai déjà parlé à ma mère et tu dois parler à la tienne.

1. Votre dictionnaire est plus moderne que *mon dictionnaire*.

_____

2. Voilà mon auto (*f.*) et l'auto de Robert. Son auto a coûté plus cher que *mon auto*.

_____

3. Mes livres sont sur la table; *les livres de Jean* sont dans la cuisine.

_____

4. Ma maison est blanche mais *la maison de mes amis* est verte.

_____

5. Elle a ses affaires mais ils ont perdu *leurs affaires*.

_____

LA VOIX PASSIVE ET COMMENT L'EVITER

Ce qu'il faut savoir. Vos amis vont pour la première fois en France. Racontez-leur quelques aspects de la vie quotidienne française en mettant les phrases suivantes *à la voix active*.

1. Le pain est vendu dans les boulangeries. _____

_____

2. Les chaussures de sport sont portées en montagne. _____

_____

3. Des sandwichs sont servis dans une brasserie. _____

_____

4. Les billets de train doivent être compostés juste avant de partir. _____

_____

FAIRE DE SENS CAUSATIF

Deux modes de vie. Faites des phrases en utilisant **faire** *de sens causatif* pour indiquer les différences entre la vie de Paul, un étudiant pauvre, et celle de Pauline, une étudiante assez riche.

MODELE: PAUL: Je me coupe les cheveux.
PAULINE: <u>Je me fais couper les cheveux</u> chez un coiffeur.

1. PAUL: Ma mère fait le ménage.

    PAULINE: _____ par une femme de

    ménage.

2. PAUL: Je lave notre voiture.

    PAULINE: _____ par le chauffeur.

3. PAUL: Mon père peint la maison.

    PAULINE: _____ par des

    spécialistes.

4. PAUL: Nous faisons la cuisine tous ensemble.

    PAULINE: _____ par le cuisinier.

Vue d'ensemble

Le français, c'est utile! Traduisez la conversation suivante en français.

1. MME MARTIN: I suggest that you take either a class on French-speaking cultures or a literature class.

    _____

    _____

2. ANNE: I would like to take the one where we study the countries where French is spoken.

    _____

    _____

3. PAUL ET MARK: We want to study literature, even though some say it's not very practical.

    _____

    _____

4. MME MARTIN: I don't think it's possible to say that a class is useless just because you can't apply (**appliquer**) it directly to a job.

    _____

    _____

5. ANNE: That's true. Last year, if I hadn't taken a literature course, I wouldn't have chosen to travel to French-speaking Africa. But this summer I'm going either to Senegal or to the Ivory Coast for three weeks. And that's only the beginning (**le début**)!

_____

_____

_____

_____

RÉPONSES AUX EXERCICES ORAUX

CHAPITRE 1

A L'ECOUTE. (*Réponses possibles*) 1. Elle regarde la météo. 2. Elle cherche des informations sur le temps qu'il va faire. Elle veut savoir comment sa fille doit s'habiller pour aller à l'école. // 1. b 2. c 3. b 4. a 5. b

LES SONS DES MOTS. **E.** 1. ils sont 2. j'apprends 3. elle promet 4. vous avez 5. j'adore 6. il voit 7. j'écris 8. elles viennent 9. j'appelle 10. j'essaie

REPRISE. **A.** 1. faire la grasse matinée 2. rendre visite 3. détendre 4. amuser 5. de mauvaise humeur **B.** Ils se rencontrent pour la première fois. Ils se sourient. Ils boivent et ils s'amusent bien ensemble. Ils font de beaux rêves. Ils s'aiment. Ils s'embrassent. Denis s'en va. Isabelle s'inquiète. Ils s'écrivent. Ils se téléphonent. Ils se revoient enfin. Ils achètent une maison.

CHAPITRE 2

A L'ECOUTE. (*Réponses possibles*) 1. Charlotte, la future mariée, et les témoins sont à l'heure, mais Jean, le futur marié, est en retard. 2. Le futur marié n'est pas très enthousiaste. Il ne va peut-être pas y avoir de mariage. // 1. c 2. b 3. a 4. b 5. c

LES SONS DES MOTS. **F.** 1. fils 2. mari 3. cadette 4. femme 5. père

REPRISE. **B.** 1. et des sœurs 2. mon 3. marié 4. Sa femme 5. un fils unique 6. n'avez pas de 7. de mes 8. fiancée 9. médecin 10. célibataire 11. la cadette 12. l'aînée 13. leur cadette 14. Vous entendez-vous 15. vos 16. nos parents 17. notre mère 18. compréhensive

CHAPITRE 3

A L'ECOUTE. (*Réponses possibles*) 1. Ils visitent probablement un château. 2. Non, tous ces touristes ne font pas très attention à ce que dit le guide. Ils bavardent et parfois, ils ne regardent même pas le guide. // 1. b 2. a 3. a 4. c 5. b 6. a

LES SONS DES MOTS. **E.** 1. ils ont sorti 2. elles sont passées 3. on est rentré 4. j'ai eu 5. tu vas mieux 6. elle a offert 7. il a vu 8. nous avons promis 9. j'ai élu 10. il a pris

REPRISE. **A.** 1. Jeanne d'Arc 2. Napoléon 3. Louis XIV 4. Marie-Antoinette 5. Charles de Gaulle **B.** 1. ont demandé 2. se sont révoltés 3. n'a pas écouté le peuple 4. a commencé 5. est tombée 6. a écrit 7. ont essayé 8. Ils ont été 9. ont eu 10. est née

CHAPITRE 4

A L'ECOUTE. 1. c 2. b 3. b 4. b 5. a 6. c

STRUCTURES. **A.** 1. vous alliez 2. nous habitons 3. ils avaient 4. vous jouez 5. nous dormions 6. tu venais 7. ils écrivaient 8. elle attendait

REPRISE. **A.** 1. les SDF 2. le S.M.I.C. 3. la pollution 4. les produits recyclables 5. le covoiturage **B.** 1. sommes allé(e)s 2. nous allions 3. nous avons préféré 4. jouait 5. était 6. nous n'avions pas assez d'argent 7. a vu 8. voulions entrer 9. n'avons pas dû 10. cet homme était

CHAPITRE 5

A L'ECOUTE. 1. c 2. b 3. a // 1. F 2. F 3. V 4. V 5. F 6. V 7. V

LES SONS DES MOTS. **E.** 1. J'aimais le vin. 2. Il passe le pont. 3. Nous apprenons. 4. Elle en commande. 5. Je les gardais. 6. Il l'a appris. 7. l'on dit 8. Nous achetons des fromages.

REPRISE. **A.** 1. du café 2. le serveur 3. au four 4. des boissons 5. la sommelière 6. l'addition **B.** 1. au 2. une 3. d'œufs 4. du 5. un peu d'eau 6. vivement 7. du 8. un 9. le 10. au four à micro-ondes 11. le beurre 12. dans une 13. les œufs 14. les 15. cinq minutes 16. ajoutez du fromage 17. à l'omelette 18. la 19. la servir

CHAPITRE 6

A L'ECOUTE. 1. b 2. a 3. c // 1. b 2. c 3. b 4. c 5. b 6. d 7. c

LES SONS DES MOTS. **B.** 1. la rue 2. je préférais 3. le vol 4. vous viendriez 5. doubler 6. Attendez! 7. nous mettrons 8. Donne-les-lui! 9. la piétonne 10. je descendrais

REPRISE. **A.** 1. la carte routière 2. le passeport 3. l'essence 4. l'autoroute 5. le permis de conduire **B.** 1. où irez-vous 2. voudrait descendre 3. j'aimerais mieux 4. Auriez-vous quelque chose 5. Voyons 6. Laissez-moi 7. Je ne veux pas partir 8. Je préférerais 9. fera 10. Allez 11. se réunissent 12. aux mêmes endroits 13. Vous verrez 14. Vous y découvrirez 15. aura 16. Ne m'en dites pas plus 17. reviendrez 18. soyez-en

CHAPITRE 7

A L'ECOUTE. 1. F 2. F 3. F 4. V 5. F 6. F 7. V

LES SONS DES MOTS. 1. le réseau 2. répandre 3. censeur 4. la chaîne 5. que vous achetiez 6. que nous fassions 7. que j'achète 8. qu'il vaille 9. que tu sois 10. que je puisse

REPRISE. **A.** 1. le journal de 20 heures 2. l'imprimante 3. le Minitel 4. le quotidien 5. l'ordinateur portatif **B.** 1. journal de 20 heures 2. des Français ne pensent pas 3. puisse 4. préfèrent que 5. interdise 6. dans les magasins 7. veulent que 8. le chômage soit 9. désirent que 10. prenne 11. contre 12. aient réussi à finir 13. Tout allait bien jusqu'à ce que 14. disparaisse 15. Tout le monde est étonné que 16. se soit incliné 17. Il est important que 18. soient 19. trop

CHAPITRE 8

A L'ECOUTE. 1. b 2. a 3. c 4. b 5. c 6. a

LES SONS DES MOTS. 1. l'acteur qu'il a vu 2. le film que l'on aime 3. la ville où il venait 4. tout ce qui arrive 5. n'importe lequel 6. Tu sais ce qui se passe? 7. la pièce qu'il a montée 8. Regardez les héros! 9. Je vois ce qu'il joue. 10. Voici la vedette qu'ils ont invitée.

REPRISE. **A.** 1. Sophie Marceau 2. Céline Dion 3. Juliette Binoche 4. Gérard Depardieu 5. Catherine Deneuve 6. Jean-Pierre Rampal **B.** 1. essaie de 2. Le groupe qui va donner ce concert 3. tous les étudiants qui l'ont vu 4. qu'il a adopté 5. mais il utilise des styles dont 6. Ce qui semble l'intéresser 7. celle dont il s'inspire surtout 8. La vedette du groupe porte 9. dont on a beaucoup parlé 10. public 11. héros 12. Ce que tout le monde aime 13. chansons à succès

CHAPITRE 9

A L'ECOUTE. 1. intonation montante 2. intonation montante, puis intonation descendante 3. intonation descendante // 1. F 2. V 3. F 4. F 5. V 6. F

LES SONS DES MOTS. 1. je m'étais levé 2. nous serions partis 3. vous auriez vu 4. j'aurais pu 5. tu serais entré 6. ils auraient su 7. ils avaient pu 8. nous nous serions trompés 9. il aurait pris 10. elle aurait aimé

REPRISE. **B.** 1. J'aurais bien aimé 2. monitrice 3. a toujours été 4. je ne m'étais pas cassé 5. se serait réalisé 6. Il aura fallu 7. a changé 8. je m'étais rendu compte 9. allait y avoir 10. faire de l'exercice 11. mange sainement 12. suis en forme

CHAPITRE 10

A L'ECOUTE. 1. Les deux jeunes sont en train de faire des recherches pour leur cours de géographie. Le garçon utilise un livre, la fille un ordinateur. Ensemble, ils vont sur le site de Radio internationale et écoutent une émission. 2. le livre: S, l'ordinateur: P, les haut-parleurs: P 3. Ils parlent de l'Afrique. Sur l'un des dessins, on voit une carte d'Afrique. Sur l'autre, on voit la mention «RI Afrique». // 1. b 2. c 3. b 4. a 5. b 6. c

LES SONS DES MOTS. **C.** 1. tu les bois 2. passe un livre 3. jamais de photos 4. immigrons 5. certains coûtent cher 6. personne n'a répondu 7. quelqu'un 8. quelques-uns 9. je préfère le Québec 10. Jacques a mis

REPRISE. **A.** 1. Haïti 2. la Suisse 3. le Luxembourg 4. le Viêt-nam 5. l'Acadie **B.** 1. Aucun de 2. ne voulait 3. je suis parti de Paris 4. l'Afrique du Nord 5. je me suis arrêté 6. en Egypte 7. n'avais jamais vu 8. en Chine 9. rien ne peut 10. au Japon 11. A Tokyo 12. l'Alaska 13. du Canada 14. jusqu'à 15. n'ai pu 16. ni le Mexique ni l'Amérique du Sud 17. n'avais plus 18. je suis rentré 19. en France

CHAPITRE 11

A L'ECOUTE. 1. Claude Monet: Les XIXe et XXe siècles, Léonard de Vinci: la Renaissance, Jackson Pollock: le XXe siècle, Salvador Dali: le XXe siècle, Camille Claudel: les XIXe et XXe siècles, Georgia O'Keeffe: le XXe siècle // 1. b 2. c 3. a 4. c 5. b

LES SONS DES MOTS. 1. après avoir entendu 2. Elle aime le peintre 3. en dessinant 4. Qu'est-ce qui lui plaît? 5. Qui est-ce que tu regardes? 6. Lesquels des tableaux? 7. en peignant 8. une sculpture 9. connaissons 10. tout ému

REPRISE. **A.** 1. Picasso 2. Debussy 3. Van Gogh 4. Rodin 5. Monet 6. Verdi **B.** 1. En entrant 2. peinture(s) 3. tableau 4. Qu'est-ce que 5. une œuvre 6. s'est-elle demandé 7. Après s'être renseignée sur 8. elle s'est rendu compte que 9. toiles avant de parler 10. a finalement décidé d' 11. du danseur extraordinaire

CHAPITRE 12

A L'ECOUTE.   1. a 2. a 3. b // 1. V 2. F 3. V 4. V 5. F 6. F

LES SONS DES MOTS.   1. C'est le leur. 2. les siennes 3. la nôtre 4. il a été démodé 5. ils sont faits 6. elle le créait 7. on emprunte 8. on l'a dit 9. il a été construit 10. elles seraient réparées

REPRISE.   **A.**   1. Marie Curie 2. Jacques-Yves Cousteau 3. Edith Piaf 4. Voltaire 5. Simone de Beauvoir   **B.**   1. de la participation des leurs 2. Cette ville a été désignée 3. à ceux qui se sont battus 4. ceux qui ont sacrifié leur jeunesse 5. atteindre ce but 6. sur la plage qui a été nommée 7. C'est là qu'il s'est fait expliquer 8. ceux qui les avaient vécus 9. célébrer le jour de gloire

REPONSES AUX EXERCICES ECRITS

CHAPITRE 1

MOTS ET EXPRESSIONS
1. pars 2. m'en vais 3. quittes 4. laisser 5. sors

STRUCTURES
LE PRESENT DE L'INDICATIF DES VERBES REGULIERS. **A.** 1. J'arrive 2. entrons 3. choisissent 4. pose 5. répond 6. étudie 7. entendons 8. finit **B.** (*Réponses possibles*) 1. On essaie une nouvelle recette. 2. Marie-Laure range l'appartement. 3. Nous amenons un collègue dîner avec nous. 4. J'espère qu'elle ne va pas manquer son train. 5. Mes amis voyagent souvent pour affaires.

LE PRESENT DE L'INDICATIF DES VERBES IRREGULIERS. **A.** (*Réponses possibles*) 1. Marie et Jean-Marc font des projets. 2. Marie et Jean-Marc vont en boîte. 3. Marie et Jean-Marc sont à table. 4. Marie et Jean-Marc ont soif. 5. Marie et Jean-Marc disent «bonjour» aux copains. **B.** 1. lit; lisent 2. met; mettent 3. doivent; peut, veut 4. connaissent; connaît 5. craignent; craint 6. prennent; prend 7. disent, vit; disent, vivent **C.** 1. Je prends ce bus depuis des années. 2. Depuis quand est-ce que vous attendez (tu attends)? / Depuis quand attendez-vous (attends-tu)? 3. Depuis quand est-ce qu'il fait des cauchemars? / Depuis quand fait-il des cauchemars? 4. Il fait des cauchemars depuis l'accident.

L'INTERROGATION. **A.** 1. Quand ses cousines arrivent-elles? 2. Combien gagnent-elles? 3. A quelle heure partez-vous? 4. Jean-Luc qu'achète-t-il? (Que Jean-Luc achète-t-il?) 5. Que vont-ils voir ce soir? 6. Combien de temps Charlotte met-elle pour venir à la fac? (Combien de temps met Charlotte pour venir à la fac?) **B.** 1. Quel 2. quelle 3. Quels 4. Quelle 5. Quelle

LES VERBES PRONOMINAUX. **A.** (*Réponses possibles*) 1. Nous ne nous déshabillons pas en classe. 2. Les amoureux ne s'embrassent pas au travail. 3. Je ne me réveille pas dans la salle de bains. 4. Vous ne vous lavez pas au cinéma. **B.** 1. S'inquiètent-ils beaucoup? 2. Ne te trompes-tu jamais? 3. Se demande-t-elle si c'est vrai? 4. Vous ennuyez-vous aujourd'hui? 5. Est-ce que je me rends compte du problème? **C.** 1. se lève 2. se lave 3. se coiffe 4. ne se maquille pas 5. se réveille 6. se lever 7. se rase 8. s'habille 9. se dépêche 10. nous voyons 11. nous entendons 12. ne nous ennuyons jamais 13. nous séparer 14. nous téléphonons 15. nous écrivons

CONSTRUCTIONS PARTICULIERES AVEC LE PRESENT. **A.** (*Réponses possibles*) 1. Nous venons de rentrer; dans une heure, nous allons nous coucher. 2. Vous venez de passer une nuit blanche; aujourd'hui, vous allez faire la sieste. 3. Tu viens de te lever; maintenant, tu vas te laver. 4. Pierre vient de finir ses devoirs de chimie; cet après-midi, il va faire ses devoirs de physique. 5. Je viens de ranger la maison; ce soir, je vais recevoir des copains.

REPRISE
A. 1. nous déplaçons, préfèrent 2. Dites 3. reçoit 4. nous mettons à 5. croyez 6. rejette 7. connaît 8. peuvent 9. s'endort 10. se comprennent **B.** (*Réponses possibles*) 1. Depuis combien de temps conduisez-vous (conduis-tu)? 2. Quand vous amusez-vous? 3. M. Chirac est-il le président de la République? 4. Quand Marie est-elle de bonne humeur? 5. Que détestez-vous (détestes-tu)? 6. Combien de cours avez-vous (as-tu) ce semestre? **C.** (*Réponses possibles*) 1. Christian se lève. 2. Il se lave. 3. Il se peigne. 4. Il s'habille. 5. Il prend le bus pour aller à la fac. 6. Dans le bus, il lit le journal. 7. Il retrouve Marie au café. 8. Ils prennent un verre. 9. Christian fait ses devoirs. 10. Il lit et

écrit; il regarde la télé. 11. Christian se déshabille; il met son pyjama. Il se couche; il est fatigué. 12. Il s'endort. Il fait de beaux rêves!

CHAPITRE 2

MOTS ET EXPRESSIONS

1. reviens 2. rendre 3. rentrer 4. retourner

STRUCTURES

L'ARTICLE DEFINI ET L'ARTICLE INDEFINI. **A.** 1. Le 2. la, au 3. le 4. Le 5. la 6. Les **B.** 1. des, un, une, d' 2. une, —, une, une 3. une, des, des 4. —, — **C.** 1. les 2. au 3. — 4. des 5. — 6. à l' 7. un 8. un 9. le 10. Le 11. à la 12. à l' 13. des 14. un 15. La 16. la 17. des **D.** 1. C'est 2. C'est 3. elle est 4. Elle est 5. c'est 6. elle est 7. C'est

LE NOM. **A.** 1. une fille 2. une nièce 3. une partenaire 4. une femme 5. une amie 6. une camarade **B.** 1. La personne sur la photo est mon demi-frère. 2. Gérard Depardieu est une vedette de cinéma. **C.** 1. un jumeau 2. un époux 3. un coiffeur 4. un moniteur 5. un baron 6. un lycéen 7. un Italien 8. un danseur 9. un boulanger

L'ADJECTIF QUALIFICATIF. **A.** 1. brune 2. petite 3. heureuse 4. américaine **B.** 1. une bonne vie 2. un garçon pauvre (un pauvre garçon) 3. la même page 4. une robe chère 5. un livre ancien 6. la seule raison **C.** 1. Les robes des mariées sont originales. 2. Les grands-parents arrivent avec les demoiselles d'honneur. 3. Les alliances des mariés sont similaires. 4. Les photos des époux vont être publiées dans les journaux. **D.** 1. sa demi-sœur aînée 2. un jeune homme merveilleux 3. un beau château 4. une jolie robe 5. sa marraine 6. au bal du fils 7. le prince charmant 8. remarque

L'ADVERBE. **A.** 1. poliment 2. vivement 3. apparemment 4. lentement 5. naturellement 6. énormément 7. gentiment 8. vraiment 9. rarement 10. insuffisamment **B.** (*Réponses possibles*) 1. souvent; Est-ce que tu penses souvent au mariage? 2. aujourd'hui, parfois; Tu sais, aujourd'hui, les jeunes femmes aiment parfois rester célibataires. / Tu sais, les jeunes femmes aiment parfois rester célibataires aujourd'hui. 3. toujours; Mais tu dis toujours que tu adores la vie avec moi. 4. demain; Oui, mais est-ce que nous avons besoin de nous marier demain? 5. déjà, maintenant; Nous sommes déjà un couple. Nous pouvons nous fiancer maintenant, au moins. / Maintenant nous pouvons nous fiancer, au moins. 6. encore; Je veux encore attendre un peu, s'il te plaît. / Je veux attendre encore un peu, s'il te plaît. 7. trop; Comme tu veux, mais je ne veux pas attendre trop longtemps!

REPRISE

A. 1. Le 2. les 3. leurs 4. un 5. le 6. les 7. les/ses 8. la 9. des 10. la 11. le 12. une 13. la 14. Les 15. les 16. les 17. un/le 18. à l' **B.** 1. petit, doux, heureux; adorable *Réponse:* un bébé 2. magnifiques, chers; indispensables, sentimentale *Réponse:* des bijoux 3. transparent, cher; blanc, frais *Réponse:* le vin 4. identiques, blondes, bleus, jalouses *Réponse:* des jumelles **C.** 1. Alain et Chantal sont mariés depuis trois ans. 2. Il a les cheveux blonds et les yeux bleus. 3. Elle est rousse et elle a de beaux yeux. Elle porte des vêtements chers. 4. Alain et Chantal sont des étudiants sérieux. Elle veut devenir médecin et il espère devenir un écrivain célèbre. 5. Mes amis sont très sympathiques, intéressants, et ils sont toujours de bonne humeur. 6. Nous sortons souvent en groupe. **D.** 1. difficilement 2. rarement 3. impatiemment 4. lentement 5. bêtement 6. spontanément 7. silencieusement

CHAPITRE 3

MOTS ET EXPRESSIONS

1. moyen âge 2. siècles 3. pouvoir 4. noblesse 5. peuple 6. guerres 7. monarchie 8. roi

STRUCTURES

LES PRONOMS DISJOINTS. 1. Moi 2. elles 3. eux 4. toi 5. moi/nous 6. eux 7. vous 8. elle 9. moi 10. nous 11. soi 12. moi 13. moi

LE COMPARATIF ET LE SUPERLATIF. **A.** (*Réponses possibles*) 1. Aux Etats-Unis, il y a moins de cathédrales gothiques qu'en France. 2. Aux Etats-Unis, il y a autant de traditions qu'en France. 3. La France est moins puissante que les Etats-Unis. 4. Aux Etats-Unis, il y a plus d'habitants qu'en France. 5. En France, il y a plus de châteaux qu'aux Etats-Unis. 6. En France, il y a moins de protestants qu'aux Etats-Unis. 7. Les Américains sont aussi fiers de leur histoire que les Français. **B.** 1. Quelle a été la cour la plus brillante du XVIIe siècle? 2. Est-ce qu'Henri IV a été le meilleur roi de la Renaissance? 3. Quelles sont les victoires les moins connues de Napoléon? 4. Qui est la reine de France la moins comprise? 5. Quel est le plus vieux monument historique de Paris?

LE PASSE COMPOSE AVEC *AVOIR* ET *ETRE*. **A.** 1. Napoléon est arrivé au pouvoir. 2. Il a écrit le Code civil. 3. Les guerres sont devenues encore plus terribles. 4. Il a fallu suivre les désirs du peuple. 5. Napoléon est parti en exil en 1815. **B.** 1. Vous n'avez pas vu les paysans. 2. Ils n'ont plus eu faim. 3. Nous ne sommes pas sortis plusieurs fois cette semaine. 4. Vous n'avez jamais voyagé en France. 5. Il n'a jamais eu le temps de le faire. **C.** 1. As-tu lu des livres sur Marie-Antoinette? 2. As-tu vu son portrait? 3. As-tu été impressionné(e) par sa jeunesse? 4. As-tu eu pitié pour elle? **D.** 1. a mené 2. a trouvé 3. a découvert 4. a marqué 5. est devenu 6. a continué 7. n'a pas eu 8. a perdu 9. a (beaucoup) impressionné 10. est (souvent) retourné 11. a invité 12. a construit

LE PASSE COMPOSE DES VERBES PRONOMINAUX. 1. Marie-Antoinette s'est souvent regardée dans le miroir. 2. Napoléon et Joséphine se sont souvent écrit des lettres passionnées. 3. Les paysans se sont réveillés très tôt le matin. 4. Les paysannes ne se sont pas rendu visite. 5. Les gens de la cour se sont couchés très tard après la fête. 6. Qu'est-ce qui s'est passé pendant la Révolution?

REPRISE

A. 1. eux 2. lui 3. vous 4. nous 5. moi 6. Lui 7. eux **B.** 1. Le château de Versailles est plus grand que le château d'Amboise. 2. Les étudiants de langues apprennent moins de dates que les étudiants d'histoire. 3. Les archéologues français travaillent autant que les archéologues nord-américains. 4. L'histoire de France est aussi intéressante que l'histoire de l'Amérique du Nord. 5. Les livres d'histoire illustrés sont meilleurs que les livres sans illustrations. **C.** (*Réponses possibles*) 1. Notre-Dame de Paris est la plus belle cathédrale d'Europe. 2. Charles VI était (a été) le roi le plus fou de France. 3. Moi, je visite le moins de châteaux (de palais). 4. La guerre est la pire solution aux problèmes. **D.** 1. a entendu 2. a senti 3. s'est demandé 4. s'est mis à 5. a vu 6. a dit 7. se sont rendu compte 8. ont vu 9. sont retournés 10. sont descendus 11. ont trouvé 12. ont compris 13. n'ont rien touché 14. ont fait 15. a pris 16. a envoyé 17. ont déterminé 18. a décidé **E.** 1. suis né 2. suis devenu 3. ai vécu 4. ai fait 5. est allée 6. ont pris 7. avons rapporté 8. ai encouragé 9. sont venus 10. a vécu 11. sont restées 12. est mort **F.** 1. ont commencé 2. ont demandé 3. ont donné 4. ont pris 5. a bouleversé 6. a essayé 7. se sont révoltés 8. s'est aggravé 9. a fait 10. ont réussi 11. ont pu 12. sont venus

CHAPITRE 4

MOTS ET EXPRESSIONS

1. marchait 2. allait... à pied 3. se promener (se balader) 4. parcourait 5. flânait 6. errait 7. faisaient... promenade 8. se balader (se promener)

STRUCTURES

L'IMPARFAIT. **A.** 1. étaient 2. coûtait 3. ne payait que 4. avait 5. pouvait 6. jetaient 7. sentait 8. sortais 9. respirais 10. était **B.** 1. faisait 2. brillait 3. avait 4. venait 5. pouvait 6. espérait (voulait) 7. était 8. pleuvait 9. voulaient (espéraient) **C.** 1. pouvais, avait 2. courait 3. voulait, menaçait, se trouvaient 4. disais, se battaient, étais **D.** (*Réponses possibles*) 1. I couldn't believe the number of things that were on the floor. 2. Anne-France was running from the bedroom to the kitchen every five minutes with papers to throw away. 3. Solange wanted to recycle old newspapers and Anne-France kept threatening to recycle Solange's books, which were everywhere. 4. I said nothing while they were fighting over books and newspapers. I was just happy not to have to share my apartment with another student.

L'IMPARFAIT PAR RAPPORT AU PASSE COMPOSE.   **A.**   1. sommes arrivés 2. pleuvait 3. faisait 4. a passé 5. a visité 6. a mangé 7. avais 8. a invité 9. a amené 10. sommes passés 11. s'appelait 12. a dit 13. sommes allés 14. a préparé 15. a monté 16. étions 17. est revenue 18. étais   **B.**   1. a été 2. préparait 3. appréciaient 4. est tombée 5. j'ai demandé 6. a enseigné 7. n'a jamais négligé 8. s'est classée 9. ai encouragé 10. a décidé 11. avons (bien) regretté   **C.**   *Première partie:* 1. J'étais, je préparais 2. n'aimais, j'avais 3. j'ai vu, je me suis rendu compte, j'allais 4. Je n'ai pas pu 5. était 6. j'ai (vraiment) commencé, était 7. J'ai appris 8. Je me suis mise, fallait 9. J'ai fini 10. Je me suis débrouillée; *Deuxième partie:* (*Réponses possibles*) 1. Elle a reçu de mauvaises notes parce qu'elle n'aimait pas les matières et parce qu'elle avait peur. 2. Pour réussir, elle s'est mise à travailler très dur.

LES PRONOMS OBJETS DIRECTS ET INDIRECTS.   **A.**   1. Elise les inspecte. 2. Dominique les leur donne. 3. Jean leur donne des conseils. 4. Anne l'a écrit. 5. Hélène les organise. 6. Les randonnées en vélo organisées par la mairie leur font plaisir. 7. Juliette lui a suggéré de les développer. 8. Luc ne veut pas le leur interdire. 9. Nous lui avons demandé de le préparer. 10. Il va leur parler. //   Le premier document correspond aux phrases 1 et 7. / Le deuxième document correspond à la phrase 4. / Le troisième document correspond à la phrase 5. / Le quatrième document correspond à la phrase 6. /   **B.**   1. Je l'ai déjà rangée. 2. Je lui ai déjà téléphoné. 3. Je les ai déjà aidé(e)s. 4. Je les ai déjà promenés. 5. Je les ai déjà invitées. 6. Je lui ai déjà donné ce livre.

REPRISE

A.   (*Réponses possibles*) 1. Non, nous ne voyagions pas (je ne voyageais pas) en métro. 2. Non, nous ne faisions pas (je ne faisais pas) de recyclage. 3. Non, je n'avais pas (nous n'avions pas) d'automobile. 4. Non, je ne possédais pas (nous ne possédions pas) d'ordinateur. 5. Non, nous ne nous intéressions pas (je ne m'intéressais pas) à la musique rock.   **B.**   1. je suis arrivé, m'ont accueilli 2. m'attendaient me posaient 3. voulaient, allaient, se réunissaient 4. ai dit, était, devaient 5. J'essayais, a demandé, a visité, m'a dit, étaient 6. je ne savais pas, se sont mis, j'avais   **C.**   1. Oui, je les recycle. / Non, je ne les recycle pas. 2. Oui, je l'ai pris la semaine dernière. / Non, je ne l'ai pas pris la semaine dernière. 3. Oui, je leur donne parfois de l'argent. / Non, je ne leur donne jamais d'argent. 4. Oui, la mairie de ma ville les écoute. / Non, la mairie de ma ville ne les écoute pas. 5. Oui, je leur parle de l'environnement. / Non, je ne leur parle pas de l'environnement. 6. Oui, j'ai envie de les connaître. / Non, je n'ai pas envie de les connaître. 7. Oui, les personnes âgées de ma ville l'ont. / Non, les personnes âgées de ma ville ne l'ont pas.

CHAPITRE 5

MOTS ET EXPRESSIONS

1. sert 2. sert 3. emploie (utilise) 4. emploie (utilise) 5. sert 6. sert 7. est (trop) usé

STRUCTURES

L'ARTICLE PARTITIF; L'OMISSION DE L'ARTICLE.   **A.**   1. un 2. la 3. de la 4. la 5. le 6. du 7. de la 8. des 9. de 10. du 11. du 12. des 13. les 14. le 15. le   **B.**   1. des 2. une 3. d' 4. de 5. des 6. de 7. de 8. le 9. la 10. des 11. des 12. de 13. de (de la) 14. de (du) 15. de la 16. la 17. la 18. du 19. des 20. d' 21. d'; *Ingrédients:* (*Réponses possibles*) des pâtes, des légumes, de la viande (rôtie), du fromage, de la limonade, du Coca-Cola…

LES PRONOMS ADVERBIAUX *Y* ET *EN*.   **A.**   1. nous en avons besoin 2. j'en prends une 3. il y en a plusieurs 4. pourrions-nous en avoir plus, s'il vous plaît 5. je ne m'y habitue pas 6. en est revenu 7. Nous allons lui en laisser un 8. il faut y retourner 9. j'y ai très bien mangé   **B.**   1. Avec des amis, nous avons décidé d'y aller. 2. Le restaurant s'y trouve. 3. On en mange souvent. (On y en mange souvent.) 4. Le serveur nous l'a offert. 5. Ensuite, il nous l'a proposée. 6. Nous lui avons demandé de nous en apporter une. 7. Après un excellent repas, mon ami me l'a suggérée. 8. J'en ai pris une, et elle était excellente.

LE PLUS-QUE-PARFAIT.   **A.**   1. n'était jamais allé 2. s'était décidé à 3. avait passé 4. avait mis 5. avaient parlé 6. était devenu 7. avait appris 8. avait changé   **B. a.**   1. a évolué 2. utilisaient

3. étaient 4. ont décidé 5. pouvaient 6. est née (était née) **b.** 1. sont arrivés 2. est venue 3. avaient apporté 4. pensaient 5. ont découvert 6. trouvaient 7. n'existaient 8. ont modifié 9. ont utilisé
LES PRONOMS DEMONSTRATIFS INVARIABLES. 1. C' 2. C' 3. ça (cela) 4. ce 5. ce 6. ça (cela) 7. c'

REPRISE

A. 1. des 2. les 3. du, des 4. de l', du 5. Le 6. des, du 7. Le, la 8. Le 9. du, du, de 10. de la, un (du) **B.** 1. Oui, il y en a dans mon frigidaire en ce moment. / Non, il n'y en a pas… 2. Oui, j'ai besoin d'y aller. / Non, je n'ai pas besoin… 3. Oui, je m'y intéresse. / Non, je ne m'y intéresse pas. 4. Oui, je vais lui demander de dîner avec moi. / Non, je ne vais pas lui demander de dîner avec moi. 5. Oui, elle leur fait plaisir. / Non, elle ne leur fait pas plaisir. 6. Oui, j'en ai pris un la dernière fois que j'y suis allé(e). / Non, je n'en ai pas pris la dernière fois que j'y suis allé(e). 7. Oui, j'en ai acheté récemment. / Non, je n'en ai pas acheté récemment. 8. Oui, j'en ai acheté en France. / Non, je n'en ai pas acheté en France. 9. Oui, j'en ai besoin. / Non, je n'en ai pas besoin. **C.** 1. y était déjà allée 2. en avait déjà acheté 3. l'avais déjà préparée 4. j'en avais déjà mis 5. les avaient déjà découpées 6. l'avait déjà fait 7. l'avais déjà nettoyée 8. l'avions déjà finie **D.** 1. C' 2. ce 3. c' 4. ça 5. C' 6. Ça 7. c' 8. ça 9. ce

CHAPITRE 6

MOTS ET EXPRESSIONS
1. visitons 2. endroit 3. faisons une visite 4. lieu 5. places 6. rendre visite

STRUCTURES

L'IMPERATIF. **A.** 1. Respectez le code de la route. 2. Fais attention à la limitation de vitesse. 3. Soyons patients pendant les heures de pointe. 4. Payez vos contraventions tout de suite. 5. Ne t'arrête pas au milieu de la route. **B.** 1. Allons-y ce week-end. 2. Réponds-lui. 3. Prenez-la. 4. Vas-y avant de partir. 5. Apportez-en une. 6. Prêtez-la-moi. 7. Montrons-les-leur. 8. Parlons-lui-en.

LE FUTUR SIMPLE. **A.** 1. Nous prendrons l'autoroute. 2. Je ne vous donnerai pas de contravention. 3. Vous ralentirez dans le virage. 4. Mes parents m'enverront à la montagne. 5. Voudras-tu y aller? 6. Pourra-t-il trouver la bonne route? 7. Vous ne serez pas malade dans la voiture. 8. Feras-tu le plein? **B.** 1. irons 2. pleuvra 3. pourra 4. j'irai 5. préparerai 6. grimperons 7. jetterons 8. faudra 9. prendrons 10. verrons 11. nous dépêcherons 12. rentrerons **C.** 1. present tense 2. future tense 3. present tense 4. future tense 5. future tense 6. present tense; 1. I speak French when . . . 2. I will buy a beautiful car when . . . 3. Students are happy when . . . 4. When I get hungry, I will . . . 5. When the semester ends, the teachers will . . . 6. When my friends are tired, they . . .

LE CONDITIONNEL PRESENT. **A.** 1. j'aurais 2. tu irais 3. vous sauriez 4. je viendrais 5. tu ferais 6. nous serions 7. il devrait 8. ils verraient 9. nous pourrions 10. elle recevrait **B.** (*Réponses possibles*) 1. Si vous ralentissiez trop, vous arriveriez en retard. 2. S'il pleuvait, il faudrait rouler moins vite. 3. Si on respectait la limitation de vitesse, il y aurait moins d'accidents. 4. Si je tombais en panne, je devrais appeler un mécanicien. 5. Si nous étions perdu(e)s, que ferions-nous? **C.** (*Réponses possibles*) 1. Si j'allais à Paris, je verrais enfin la tour Eiffel. 2. Si j'allais en Bretagne, je visiterais le Mont-St-Michel. 3. Si j'allais en Bretagne, j'y resterais trois jours. 4. Si j'allais à Bordeaux, je boirais du bon vin. 5. Si j'allais à Biarritz, j'irais tous les jours à la plage. 6. Si j'allais dans les Pyrénées, je ferais des promenades et ensuite j'irais un peu plus au nord et je visiterais Carcassonne. 7. Si je pouvais passer quinze jours en Provence, je m'arrêterais à Nîmes, j'irais ensuite à Avignon, puis je resterais une semaine à Cannes et ensuite, je visiterais Nice et ses environs. 8. Si j'allais dans les Alpes, je passerais une semaine à Annecy, j'irais voir le Mont-Blanc et je visiterais Genève.

REPRISE

A. 1. Parles-en. 2. Ne nous y arrêtons pas. 3. Montrez-m'en. 4. Prête-la-lui. 5. Ne nous en allons pas sans elles. **B.** 1. Si on perdait une personne, on en retrouverait dix. 2. Quand on sera patient, on obtiendra ce qu'on voudra. 3. Si on avait du temps, on aurait de l'argent. 4. Si on refusait de voir, on serait le pire aveugle. 5. Quand on fera son propre lit, on dormira bien. 6. Si on était loin des yeux, on serait loin du cœur. 7. Si on ne cassait pas d'œufs, on ne ferait pas d'omelette. **C.** (*Réponses possibles*) ANNE: Si tu avais le choix, où habiterais-tu (vivrais-tu)? BRUNO: Je resterais sur place (ici). Regarde cette vue! Où pourrait-on voir un plus bel endroit (beau lieu)? ANNE: Ne me dis pas ça! Dans trois jours, je serai loin d'ici. BRUNO: Eh bien, peut-être que tu ne devrais pas partir. Réfléchis-y! (Penses-y!) ANNE: J'aimerais rester, mais si je ne rentre pas, je perdrai mon travail. Si j'étais riche, je pourrais faire ce que je voudrais (veux). BRUNO: Ne rêve pas trop. Mais si tu préférais vraiment ne pas partir, nous pourrions (on pourrait)… ANNE: Quoi? Dis-moi!

REVISION: CHAPITRES 1–6

L'INTERROGATION. (*Réponses possibles*) 1. Quand est-ce que vous vous réveillez? / Quand vous réveillez-vous? 2. Où est-ce que vos amis étudient? / Où vos amis étudient-ils? 3. A qui est-ce que votre mère téléphone? / A qui votre mère téléphone-t-elle? 4. Pourquoi est-ce que votre père parle si fort? / Pourquoi votre père parle-t-il si fort?

L'ARTICLE DEFINI ET L'ARTICLE PARTITIF. 1. de, des, du 2. de l', du, les 3. des, des 4. les 5. du 6. des, du 7. des, des, des 8. du, du 9. des, du, des 10. la, aux (à des), aux (à des)

LE PASSE COMPOSE. 1. Caroline s'est levée à sept heures. 2. Elle s'est lavé les dents et la figure. 3. Elle s'est donné un coup de peigne et elle s'est habillée. 4. Elle s'est préparé un petit déjeuner et elle s'est dépêchée de quitter la maison. 5. Elle s'est trompée d'autobus et est descendue à l'arrêt suivant. 6. Elle a vu un vieil ami. Ils se sont embrassés et se sont parlé. 7. Elle s'est rendu compte qu'elle était en retard. 8. Elle est entrée dans un café pour appeler un taxi. 9. Les deux amis se sont quittés devant le café. 10. Elle s'en est allée toute seule à son travail.

LE PLUS-QUE-PARFAIT. 1. Ah, si nous avions travaillé plus sérieusement… 2. Ah, si vous aviez fait la grasse matinée plus souvent… 3. Ah, si j'étais parti(e) à la montagne pour le week-end… 4. Ah, si tu avais étudié plus… 5. Ah, si les étudiants avaient téléphoné à leurs parents… 6. Ah, si nous nous étions parlé plus souvent…

L'IMPARFAIT, LE PASSE COMPOSE ET LE PLUS-QUE-PARFAIT. 1. j'ai quitté, j'avais 2. c'était, passait 3. restait, avait décidé, voulait 4. C'était, tuait 5. faisait, avait plantés 6. j'avais 7. Je faisais, je lavais 8. habitait, avait construit 9. Je faisais 10. J'ai grandi 11. me suis dit 12. me suis disputée, j'ai quitté 13. J'ai travaillé 14. J'ai appris 15. J'avais, suis retournée 16. a (avait) commencé, sont partis 17. je savais, j'ai trouvé

L'ADVERBE. (*Réponses possibles*) 1. franchement / gentiment / fréquemment 2. fréquemment / constamment / rarement 3. sérieusement / respectueusement / intelligemment 4. naturellement / passionnément / spontanément 5. rarement / suffisamment / constamment

LES PRONOMS OBJETS DIRECTS, INDIRECTS ET ADVERBIAUX. 1. n'en 2. ne les (n'en), de les (d'en) 3. lui 4. les 5. leur, y, en 6. leur, en 7. l'

L'IMPERATIF. 1. Attends 2. Réfléchis 3. dis 4. Dis 5. cherche 6. Dis 7. Dis 8. Arrête 9. imagine 10. Parle 11. commence 12. Dis 13. dis 14. dis 15. Parle 16. parle

LE FUTUR. 1. En 2020, j'aurai 60 ans. 2. Mon mari et moi, nous ne travaillerons pas car nous serons à la retraite. 3. Nos amis nous inviteront chez eux, dans le sud de la France. 4. Comment ferons-nous le voyage pour leur rendre visite? 5. Nous prendrons l'avion, bien sûr, jusqu'à Paris. 6. Ensuite, mon mari louera une voiture et je la conduirai sur les petites routes. 7. Nos amis nous prépareront des repas fantastiques et nous passerons des journées entières sur la plage. 8. Et vous, que ferez-vous quand vous serez à la retraite? 9. Peut-être que vous viendrez avec nous!

LE CONDITIONNEL. 1. ferais, j'avais 2. rouliez, donnerait 3. perdrions, achetions 4. doublait, aurait 5. ne serait, n'avait 6. ralentissiez, tiendrait 7. seraient, limitait 8. était, téléphonerais 9. doublait, risquerait 10. receviez, feriez

LA CONCORDANCE DES TEMPS. 1. aurai 2. appelle 3. serons 4. nous dirigerons 5. veux 6. n'aurait pas besoin 7. donnerait 8. chercherons 9. nous reposerons 10. pourrait

VUE D'ENSEMBLE. 1. Mes cousines Sylvie et Anne ont décidé de venir nous rendre visite l'été dernier. 2. Elles se sont acheté une nouvelle voiture. 3. Elles se sont téléphoné chaque jour avant leur départ. 4. Lundi matin, Anne est tombée est s'est fait mal au bras. 5. Sylvie s'est trompée de chemin (a pris la mauvaise route) pour aller à l'hôpital. 6. Anne lui a dit, «Oh mon bras, fais attention!» 7. Sylvie a vite trouvé la bonne route. 8. Elles sont arrivées à l'hôpital. 9. Le médecin (Le docteur) a dit à Anne qu'elle s'était cassé le bras. 10. «Ne t'inquiète pas», a dit Sylvie. «Nous pouvons (pourrons) partir en voyage (faire notre voyage) le mois prochain.»

CHAPITRE 7

MOTS ET EXPRESSIONS
1. actualités 2. Autrefois 3. actuellement 4. En fait 5. à l'avenir 6. actuels

STRUCTURES

LE PRESENT DU SUBJONCTIF. 1. puissent contrôler les médias 2. réussisse à présenter les informations importantes 3. ne dise pas la vérité 4. son reportage soit en direct 5. ait des hebdomadaires sérieux

L'EMPLOI OBLIGATOIRE DU SUBJONCTIF. A. 1. … vous alliez le voir… 2. … nous puissions… 3. … nous fassions… 4. … que vous n'aimiez pas l'appartement, j'ai préféré vous attendre… 5. … que vous passiez me prendre… si vous voulez… 6. … que vous ne préfériez… 7. … les personnes qui sont arrivées… décident… B. 1. Il semble que tu puisses apprendre à t'en servir facilement. 2. Papa doute que ce soit possible. 3. Mes cousins désirent que tu te serves du courrier électronique. 4. Crois-tu qu'Internet transmette les informations essentielles? 5. Je suis content qu'on puisse mettre tant d'informations sur un CD-ROM. 6. Il faut que nous cherchions une causette pour des personnes de ton âge. 7. Je ne crois pas que les autres personnes de ton âge aient peur d'utiliser l'ordinateur. 8. Il est improbable que quelqu'un leur apprenne à l'utiliser. 9. Il est nécessaire que tu te tiennes au courant des nouvelles technologies. 10. C'est fantastique que j'aie une mamie ultra-moderne.

LE SUBJONCTIF PAR RAPPORT A L'INFINITIF. 1. a. Il ne faut pas avoir trop de dettes. b. Il ne faut pas que les gens aient trop de dettes. 2. a. Il est nécessaire de faire son service militaire. b. Il est nécessaire que les jeunes gens fassent leur service militaire. 3. a. Il vaut mieux s'inscrire au parti. b. Il vaut mieux que vous vous inscriviez au parti. 4. a. C'est dommage de vouloir manifester. b. C'est dommage que les étudiants veuillent manifester. 5. a. Il est regrettable de ne pas pouvoir convaincre le public. b. Il est regrettable que je ne puisse pas convaincre le public.

LE SUBJONCTIF PAR RAPPORT A L'INDICATIF. 1. Il est indispensable que la télé soit libre. 2. Je trouve que le journal de 20 heures devient insupportable. 3. Ne crois-tu pas que les gens puissent (peuvent) toujours refuser de le regarder? 4. J'espère que le gouvernement prendra la responsabilité de protéger le public. 5. Je ne pense pas que ce soit possible. 6. Il faudra que nous fassions pression sur les hommes politiques. 7. Il vaut mieux que vous manifestiez. 8. Tu sais bien qu'une manifestation finit souvent par la violence. 9. Il est possible que tu sois à la télévision!

LE SUBJONCTIF PASSE. 1. se soit proposée 2. porte 3. aide 4. se soit levé 5. ait voulu 6. ait fini

REPRISE
1. veniez (soyez venus) ce soir 2. prenne de nouvelles mesures 3. soit trop tard 4. mettions fin au chômage 5. d'arrêter l'inflation 6. puisse vivre décemment 7. aient confiance en leurs dirigeants 8. vous dira la vérité 9. fasse un jour tout cela 10. sont capables d'améliorer la situation

CHAPITRE 8

MOTS ET EXPRESSIONS
1. sensibilité 2. raisonnable 3. sympathiser 4. compatissante 5. hypersensible 6. sympathique

STRUCTURES

LES PRONOMS RELATIFS. **A.** 1. J'ai vu la comédie que vous m'avez recommandée. 2. La personne qui m'a vendu le billet ne pouvait pas assister à ce spectacle. / Une personne qui ne pouvait pas assister à ce spectacle m'a vendu le billet. 3. Voici l'ami qui m'a accompagné au théâtre. 4. La musique qui nous a beaucoup plu a été composée pour la pièce. / La musique qui a été composée pour la pièce nous a beaucoup plu. 5. On a chanté des chansons qui étaient charmantes. 6. C'était une bonne représentation que tout le monde a aimée. **B.** 1. C'est l'acteur (le comédien) que j'ai aidé. 2. C'est l'acteur (le comédien) qui m'a aidé(e). 3. As-tu vu la pièce qu'il a aimée? 4. As-tu vu la pièce qui est un grand succès maintenant? 5. Ce n'est pas la version qu'on a (que nous avons) vue. 6. C'est la version qui est doublée. **C.** 1. Le lever du rideau? C'est le moment où la pièce commence. 2. L'entracte? C'est le moment où on discute en attendant la seconde moitié de la pièce. 3. La scène? C'est l'endroit où les événements se déroulent. 4. La salle? C'est l'endroit où les spectateurs sont assis. 5. Le dénouement? C'est le moment où tout devient clair. **D.** 1. C'était une pièce à succès dont on entendra longtemps parler. 2. L'auteur dont le succès est assuré compte participer au Festival d'Avignon. 3. La chanteuse dont nous avons apprécié le talent est la femme du metteur en scène. 4. Ce sont des acteurs inconnus dont nous entendrons bientôt parler. 5. En fait, c'était une bonne soirée dont je garderai un très bon souvenir. **E.** 1. qui 2. dont 3. qui 4. qui 5. dont 6. où 7. dont 8. qui 9. dont 10. qui 11. où 12. que 13. que 14. qui 15. que

LES PRONOMS RELATIFS INDEFINIS. **A.** (*Réponses possibles*) 1. Ce qui; C'est la danseuse. 2. Ce dont; C'est le chanteur. 3. ce que; C'est l'actrice principale. 4. Ce dont; Ce sont les acteurs secondaires. 5. ce que; C'est le producteur. 6. ce qui; C'est l'acteur principal. **B.** (*Réponses possibles*) 1. Il ne sait pas ce qu'il veut. 2. Il dit que ce qui l'intéresse le plus, c'est l'intrigue. 3. Mais il ne comprend pas que ce qui est encore plus important, c'est le choix des acteurs. 4. J'aimerais savoir ce qu'il faut que nous fassions. / J'aimerais savoir ce que nous devons faire. 5. C'est tout ce dont nous parlons depuis trois semaines. 6. Ce dont il a besoin, c'est d'un(e) autre producteur (productrice). 7. J'espère qu'il fera ce que je veux.

REPRISE

A. 1. qui 2. qui 3. qu' 4. qui 5. qui 6. qui 7. que **B.** 1. qui 2. dont 3. qui 4. où 5. qui 6. qu' 7. dont 8. qui 9. que 10. où **C.** 1. Ce dont 2. Ce qui 3. Ce qui 4. Ce que 5. Ce qu' 6. Ce dont

CHAPITRE 9

MOTS ET EXPRESSIONS

1. je connais 2. j'ai entendu parler 3. nous retrouverons 4. ferons la connaissance 5. Je sais

STRUCTURES

LE FUTUR ANTERIEUR. **A.** 1. aura fini 2. aura acheté 3. auront mangé 4. seront arrivés 5. aurons terminé 6. aura trouvé; Les étudiants les plus actifs sont Jeanne, Antoine, Abdul et Martin. **B.** 1. Quand tu lui auras téléphoné, tu retrouveras Florence. 2. Quand tu l'auras retrouvée, vous jouerez au tennis. 3. Quand vous y aurez joué, elle ira en ville. 4. Quand elle y sera allée, nous ferons une partie de Scrabble. 5. Quand nous en aurons fait une, nous nous dépêcherons de manger un sandwich. 6. Quand nous nous serons dépêchés d'en manger un, nous verrons un film. 7. Quand nous en aurons vu un, tu rentreras chez toi.

LE CONDITIONNEL PASSE. **A.** 1. seraient allés 2. seraient partis; seraient partis 3. auraient fait; auraient fait 4. seraient descendus, auraient choisi; auraient choisi **B.** (*Réponses possibles*) 1. Nous serions restés dans l'auberge s'il y avait eu une auberge de jeunesse dans le village. 2. Tu aurais fais des économies si tu avais pris la pension complète. 3. Tu aurais fait du camping si je t'avais accompagné(e). 4. Nous aurions fait du ski d'été sur les glaciers si nous avions connu le moniteur. 5. Je serais allé(e) à la montagne si j'avais apporté des skis. 6. Tu aurais fait du bateau à voile si l'auberge avait organisé des excursions.

LA CONCORDANCE DES TEMPS: RECAPITULATION.   1. LA CHAMPIONNE: Si tu ne perds pas confiance, tu joueras bien.   LA JEUNE FILLE: Tu crois vraiment que si je ne perdais pas confiance, je jouerais bien?   LA CHAMPIONNE: Oui, je le crois, et si la perdante n'avait pas perdu confiance, elle aurait bien joué.

2. LA CHAMPIONNE: Si tu ne te blesses pas, tu feras des progrès.   LA JEUNE FILLE: Tu crois vraiment que si je ne me blessais pas, je ferais des progrès?   LA CHAMPIONNE: Oui, je le crois, et si la perdante ne s'était pas blessée, elle aurait fait des progrès.

3. LA CHAMPIONNE: Si tu apprends tous les mouvements, tu auras beaucoup de grâce.   LA JEUNE FILLE: Tu crois que si j'apprenais tous les mouvements, j'aurais beaucoup de grâce?   LA CHAMPIONNE: Oui, je le crois, et si la perdante avait appris tous les mouvements, elle aurait eu beaucoup de grâce.

REPRISE

A.   1. Quand tu auras assez joué. 2. Quand vous vous serez téléphoné. 3. Quand tu auras fait du bon travail. 4. Quand tu auras fini ton entraînement. 5. Quand tu seras devenu un champion.
C.   CHRISTOPHE: avait fait, j'aurais joué; HENRIETTE: J'aurais été, j'avais appris; PAUL: je n'avais pas fait, je n'aurais pas gagné; VERONIQUE: je n'étais pas allée, je n'aurais pas rencontré; MARTIN: J'aurais fait, l'avait recommandée; CLAIRE: j'avais su, j'aurais suivi

CHAPITRE 10

MOTS ET EXPRESSIONS

1. j'ai fini 2. arreter 3. achever 4. terminer 5. J'ai abordé 6. J'ai commencé 7. ne cessait pas

STRUCTURES

LES PREPOSITIONS AVEC LES NOMS GEOGRAPHIQUES.   **A.**   1. au Mexique 2. de Turquie 3. au Tchad 4. en Australie 5. en Autriche

LA NEGATION.   (*Réponses possibles*) 1. Béatrice a déjà visité le Portugal, mais elle n'a pas encore visité le Brésil. 2. Béatrice a visité l'Angleterre, mais elle n'a jamais visité le Québec. 3. Béatrice n'a pas encore visité l'Argentine, et elle n'a jamais visité le Mexique. 4. Béatrice n'a pas du tout envie de visiter le Luxembourg, elle n'a envie de visiter que le Mexique. 5. Béatrice n'est jamais allée au Mali et elle n'est pas encore allée au Kenya. 6. Béatrice n'est pas encore allée en Irlande; elle n'est allée qu'en Angleterre.

LES ADJECTIFS ET LES PRONOMS INDEFINIS.   **A.**   1. tout le monde 2. certaines (plusieurs) 3. personne n' 4. plusieurs (certaines) 5. chaque 6. quelqu'un... 7. n'... aucun 8. n'... rien 9. quelque chose 10. chacun 11. d'autres   **B.**   (*Réponses possibles*) 1. J'en ai quelques-unes. 2. J'en ai acheté plusieurs. 3. Certains étaient là en vacances, d'autres allaient au travail tous les jours. 4. D'autres pays m'attendent! 5. Non, je n'ai rien à déclarer.   **C.**   1. Aucun 2. Rien 3. rien 4. personne 5. aucun   **D.**   (*Réponses possibles*) 1. Aucune de mes amies ne m'envoie de cartes postales quand elles voyagent. 2. Nous n'allons rien faire d'amusant ce week-end. 3. Je ne connais personne à mes cours. 4. Je ne participe à rien à l'université.

QUELQUES CONJONCTIONS.   1. soit, soit, ne, ni, ni 2. et, ou 3. soit, soit 4. ne, ni, ni

REPRISE

A. *Première partie:*   1. la Polynésie française 2. le Québec 3. la Martinique 4. la Guyane française 5. la Belgique 6. la Suisse 7. l'Algérie 8. le Tchad 9. la République Démocratique du Congo 10. le Viêt-nam; *Deuxième partie:*   (*Réponses possibles*) 1. Si nous étions allés en Polynésie française, nous aurions fait de la voile. 2. Si nous étions allés au Québec, nous aurions vu des films canadiens. 3. Si nous étions allés à la Martinique, nous aurions fait de la plongée. 4. Si nous étions allés à la Guyane française, nous serions allés dans la jungle. 5. Si nous étions allés en Belgique, nous aurions chanté des chansons françaises. 6. Si nous étions allés en Suisse, nous aurions fait du ski. 7. Si nous étions allés en Algérie, nous aurions mangé du couscous. 8. Si nous étions allés au Tchad, nous aurions fait un safari.

9. Si nous étions allés au Viêt-nam, nous aurions fait de l'escalade.   **B.**   1. Non, aucun(e) de mes camarades ne va voyager en Afrique. 2. Non, ni la Guyane française ni la Nouvelle-Calédonie ne sont en Afrique. 3. Non, je n'ai jamais entendu parler de l'Angola. 4. Non, le Maroc n'est plus un protectorat français. 4. Non, personne d'intéressant ne va parler à l'université ce soir.

CHAPITRE 11

MOTS ET EXPRESSIONS
1. sent 2. entends 3. te sens 4. écouter

STRUCTURES

L'INFINITIF PASSE.   1. Après avoir fini; a voulu 2. Après s'être rendu compte; ont décidé 3. Après nous être retrouvé(e)s; nous sommes allé(e)s 4. Après avoir admiré; vous avez voulu 5. Après être restée; est enfin devenue 6. Après avoir entendu; je me suis dépêché(e)

LE PARTICIPE PASSE ET LE GERONDIF.   **A.**   1. Comprenant la musique, je l'ai appréciée. 2. Reconnaissant le chef d'orchestre, j'ai décidé d'aller lui parler. 3. Rayonnant de joie, le chef d'orchestre est sorti de la salle. 4. Voulant le voir, je suis entré dans les coulisses. 5. Etant contents de nous retrouver, nous sommes sortis après le concert.   **B.**   (*Réponses possibles*) 1. C'est en travaillant dur qu'on devient danseur/danseuse. 2. C'est en ayant du talent qu'on devient peintre. 3. C'est en connaissant bien la musique qu'on devient guitariste. 4. C'est en étudiant longtemps qu'on devient architecte. 5. C'est en étant inspiré qu'on devient poète. 6. C'est en ayant une belle voix qu'on devient chanteur/chanteuse.

LES PRONOMS INTERROGATIFS.   **A.**   (*Réponses possibles*) 1. Qu'est-ce que vous adorez? 2. Qui est-ce qui a peint ce tableau? 3. Qui est-ce que certains surréalistes ont étudié? 4. De quoi les impressionnistes avaient-ils besoin pour peindre? 5. Qu'est-ce qui vous étonne toujours?   **B.**   (*Réponses possibles*) 1. Que pensent les collectionneurs du surréalisme? 2. Qu'admire-t-on au musée d'Orsay? 3. Qu'est-ce que l'«expressionnisme» veut dire? (Que veut dire l'«expressionnisme»?) 4. Qu'est-ce qui intéresse les étudiants en art? 5. Qu'est-ce qui impressionnait Chagall?   **C.**   1. Lesquels allez-vous nous montrer? 2. Auxquels allons-nous parler? 3. Desquelles allons-nous entendre parler? 4. Duquel allons-nous faire la connaissance? 5. Lesquels allons-nous examiner? 6. A laquelle allons-nous aller?

REPRISE

A.   (*Réponses possibles*) 1. Travailler, c'est créer. 2. Pour réussir, il faut souffrir. 3. Mieux vaut posséder qu'espérer. 4. Réfléchir avant de parler. 5. Comparer n'est pas prouver. 6. Commencer c'est déjà finir.   **B.**   1. Après avoir visité le musée Picasso, il a regardé les œuvres du musée Rodin. 2. Après avoir regardé les œuvres du musée Rodin, il est allé au Centre Pompidou. 3. Après être allé au Centre Pompidou, il s'est baladé au musée d'Orsay. 4. Après s'être baladé au musée d'Orsay, il est allé à la Villette.   **C.**   1. En se mettant à jouer l'ouverture, l'orchestre a annoncé le début du ballet. 2. En voyant le décor, les spectateurs se sont exclamés. 3. En saluant, la danseuse a calmé le public. 4. En sortant, elle a fait un plié jeté.   **D.**   (*Réponses possibles*) 1. Pardon, qu'est-ce qu'ils voulaient peindre? Que voulaient peindre les impressionnistes? 2. Pardon, qu'est-ce qui a beaucoup influencé Picasso? (*Il n'y a pas de forme courte.*) 3. Pardon, qui est-ce qui est le chef de l'école néo-classique? Qui est le chef de l'école néo-classique? 4. Pardon, à quoi est-ce que les cubistes s'intéressaient? A quoi s'intéressaient les cubistes?   **E.**   1. Lesquelles regardez-vous (regardes-tu)? 2. Auxquels avez-vous (as-tu) assisté? 3. De laquelle parlez-vous (parles-tu)? 4. A laquelle êtes-vous (es-tu) allé(e)? 5. Lesquels collectionnez-vous (collectionnes-tu)?

CHAPITRE 12

MOTS ET EXPRESSIONS
1. Dites 2. parlez 3. raconte 4. pensez 5. discuter 6. prétendent 7. pensez 8. discutent 9. fais… semblant

STRUCTURES

LES PRONOMS DEMONSTRATIFS. **A.** 1. celui 2. ceux 3. celle 4. celle 5. Celui, celui 6. celui **B.** 1. celui que 2. celle que 3. celui qui 4. ceux qui 5. ceux dont 6. ceux qui

LES PRONOMS POSSESSIFS. 1. le sien 2. les vôtres 3. la tienne 4. les nôtres 5. aux leurs 6. le leur 7. la tienne

LA VOIX PASSIVE ET COMMENT L'EVITER. **A.** 1. La ville de Trois-Rivières se trouve au Québec. 2. On a écrit ce livre en 1996. 3. On a annulé l'examen. 4. On a vendu la semaine dernière la voiture que tu voulais. **B.** 1. Louis Braille a écrit l'alphabet pour les aveugles en 1829. 2. Elisha Otis a inventé l'ascenseur en 1857. 3. George Brayton a développé le moteur à essence en 1872. 4. Bernard Courtois a produit la morphine en 1811. 5. Louis-Sébastien Lenormand a fait le premier parachute en 1783. 6. Walter Hunt a fabriqué l'épingle de sureté pour la première fois au XXe siècle. 7. Barthélemy Thimonnier a inventé la machine à coudre en 1829. 8. Clarence Birdseye a surgelé des produits alimentaires pour la première fois en 1929.

FAIRE DE SENS CAUSATIF. (*Réponses possibles*) 1. Les parents font manger leurs enfants. 2. Le maître d'hôtel fait servir ses clients dans un coin tranquille. 3. L'hôtesse fait servir le café au salon. 4. Le pâtissier fait cuire les éclairs au four. 5. Le chef fait apporter le vin blanc. 6. La patronne fait recopier la recette (par le chef).

REPRISE

A. 1. celle 2. celle 3. celles 4. celui 5. ceux 6. Celui **B.** 1. L'homme ne connaîtra jamais la vérité. 2. Le travail éloigne l'ennui. 3. La société a corrompu la nature. 4. Dieu a fait la campagne, l'homme a fait la ville et le diable a fait la petite ville. **C.** 1. Je ferai écrire la lettre à mon frère. 2. Je ne ferai pas envoyer les paquets. 3. Vas-tu faire faire le travail à Georges? 4. Fais-tu décorer ton appartement? 5. Ils ne peuvent pas le faire parler.

R E V I S I O N :   C H A P I T R E S   7 – 1 2

LE SUBJONCTIF. **A.** 1. aille 2. parte 3. connaît 4. fasse 5. fassiez, écriviez 6. recevoir 7. voyions 8. dort 9. réponde 10. puisses 11. être 12. apprenne 13. comprenez 14. étudiiez 15. venir 16. soit devenu 17. soit 18. n'as 19. sache 20. dise 21. conduise 22. puisse 23. choisisse **B.** 1. aille 2. partir 3. soit 4. puisse 5. aller, ne doit pas 6. ait

LES PRONOMS RELATIFS. **A.** 1. qui 2. qu' 3. qui 4. que 5. qui 6. dont 7. que 8. dont **B.** 1. dont 2. ce qu' 3. que 4. dont 5. ce qu' 6. où 7. ce qui 8. dont (que) 9. dont 10. que 11. qui 12. ce que

LE FUTUR SIMPLE ET LE FUTUR ANTERIEUR. 1. nous mettrons 2. faudra 3. aura fini 4. emmènerez 5. arriverez 6. sera déjà partie 7. ira 8. sera rentrée

LA CONCORDANCE DES TEMPS DANS LES PHRASES DE CONDITION. 1. demandaient 2. prends 3. avait voulu 4. vous levez 5. aurait fini 6. attendez 7. avait fait 8. te souviendrais 9. plaisent 10. avions offert

LES PREPOSITIONS AVEC LES NOMS GEOGRAPHIQUES. 1. au, en, aux 2. des 3. à, à, à, au 4. du 5. de (du), à 6. le, l', le, le, le 7. d', du, de 8. en, au, en, au, en

LA NEGATION, LES ADJECTIFS ET PRONOMS INDEFINIS. 1. Personne ne m'écoute. 2. Rien ne s'est passé. (Rien n'est arrivé.) 3. Je n'ai rien acheté. 4. N'as-tu (N'avez-vous) vu personne? N'as-tu (N'avez-vous) rien fait? 5. Aucun de mes amis ne s'intéresse à la politique. 6. Je n'ai jamais rien fait d'important. 7. Est-ce que quelqu'un les a vu(e)s? —Non, personne ne les a vu(e)s. 8. As-tu (Avez-vous) acheté plusieurs livres? —Oui, j'en ai acheté quelques-uns. 9. N'as-tu (N'avez-vous) pas parlé à beaucoup d'étudiants? —Si, et plusieurs d'entre eux étaient français.

L'EMPLOI DES PREPOSITIONS *A* ET *DE* APRES LES VERBES. 1. à 2. — 3. à 4. à 5. de 6. — 7. — 8. de 9. — 10. — 11. — 12. de 13. de 14. — 15. —

L'INFINITIF PASSE ET LE PARTICIPE PRESENT. **A.** 1. Après avoir collectionné des bijoux, j'ai commencé à faire de la bijouterie. 2. Après avoir acheté un appareil-photo, nous avons fait beaucoup de photos. 3. Après être allés à l'exposition, ils ont recommencé à dessiner. 4. Après avoir étudié la musique classique, elle a fait de la danse classique. **B.** 1. Après s'être reposée, elle a recommencé à travailler. 2. Après avoir regardé son tableau, je lui ai dit ce que je n'aimais pas. 3. Je ne voulais pas qu'elle pense que j'avais parlé sans réfléchir. 4. Sachant que je voulais l'aider, elle a compris ce qu'elle devait faire. 5. Elle a amélioré le tableau en changeant la forme du vase.

LES PRONOMS INTERROGATIFS. **A.** 1. Qui est-ce qui (Qui) 2. Qu'est-ce qu' 3. Qu'est-ce que c'est que (Qu'est-ce que) 4. quoi 5. Qu' 6. Qu'est-ce qui 7. Laquelle 8. Auquel **B.** 1. Laquelle 2. laquelle 3. De laquelle 4. Lesquels 5. Lequel 6. lequel

LES PRONOMS DEMONSTRATIFS. 1. Celle 2. celui 3. ceux 4. celles 5. celui 6. Celle

LES PRONOMS POSSESSIFS. 1. le mien 2. la mienne 3. les siens 4. la leur 5. les leurs

LA VOIX PASSIVE ET COMMENT L'EVITER. 1. On vend le pain dans les boulangeries. (Le pain se vend…) 2. On porte les chaussures de sport en montagne. (Les chaussures de sport se portent…) 3. On sert des sandwichs dans une brasserie. (Des sandwichs se servent…) 4. On doit composter les billets de train juste avant de partir. (Les billets de train doivent se composter…)

FAIRE DE SENS CAUSATIF. 1. Ma mère fait faire le ménage 2. Je fais laver notre voiture 3. Mon père fait peindre la maison 4. Nous faisons faire la cuisine

VUE D'ENSEMBLE

1. MME MARTIN: Je suggère que vous suiviez soit un cours sur la francophonie soit un cours de littérature. 2. ANNE: Je voudrais suivre celui où nous étudions les pays où le français se parle (où l'on parle français). 3. PAUL ET MARK: Nous voulons étudier la littérature bien que certains disent que ce n'est pas très utile. 4. MME MARTIN: Je ne pense pas qu'on puisse dire qu'un cours est inutile tout simplement parce qu'on ne peut pas l'appliquer directement à un emploi. 5. ANNE: C'est vrai. L'année dernière, si je n'avais pas suivi un cours de littérature, je n'aurais pas choisi de voyager en Afrique francophone. Mais cet été, j'irai soit au Sénégal soit en Côte-d'Ivoire pour trois semaines. Et ce n'est que le début!